참 괜찮은 나

책에 나오는 상담 사례는 필자가 그간 여러 현장에서 경험한 것들을 가공한 것으로, 사실이지만 사실이 아니다. 따라서 어떤 사례가 자신과 비슷하게 느껴진다면 그만큼 많은 이들이 유사한 고민을 하고 있다고 위로 받길 바란다. 변화와 성장을 향해 나아가는 용기를 나눠준, 어딘가에서 더 괜찮은 어른으로 살아가고 있을 모두에게 감사의 마음을 전한다.

참 괜찮은 나

변시영 지음

차례

프롤로그 국영수, 토익, 주식 시세보다 '나' 공부부터   10

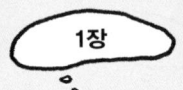

내 마음을
먼저 알아봅니다

'마음'이라는 내비게이션을 따라갑니다	16
나는 무엇에 휘둘리는가 '정서적 트리거'에 관하여	20
나에게 뿌리 박힌 그것은? '원가족 경험'에 관하여	24
감정을 어떻게 처리하는가 '정서적 대물림'에 관하여	29
무슨 말을 많이 듣고 자랐는가 '자기상'에 관하여	33
무엇이 나를 좀비로 만드는가 '갈망감'에 관하여	37
내가 원하는 사랑을 또렷이 요구하기 '5가지 사랑의 언어'에 관하여	40
모든 사람이 미라클 모닝족이 될 수는 없다 '기질적 특성'에 관하여	44
남을 탓하는가, 나를 탓하는가 '투사와 직면'에 관하여	48
내가 누굴 싫어하는가를 분명히 아는 것 '부정적 전이'에 관하여	53
나는 언제 나의 능력을 최고로 발휘할까? '심리적 환경'에 관하여	58

일상에서
나를 돌봅니다

내 감정은 내가 처리한다	64
탁, 치고 넘어가기 　불안을 돌보는 방법에 관하여	67
상상력 발휘하기 　습관을 돌보는 방법에 관하여	70
작은 것부터 다시 시작하기 　실패를 돌봐주는 방법에 관하여	73
그럴 만했고, 그만하면 됐고, 그럴 수도 있고 　자신을 돌보는 방법에 관하여	78
때론 실없는 농담으로 　고통을 돌보는 방법에 관하여	84
곱하기 2의 시간으로 기다리기 　조급함을 돌보는 방법에 관하여	88
여유가 매너를 만든다 　심리적 자원을 만드는 방법에 관하여	91
의외성에서 찾는 의외의 기쁨 　변수를 받아들이는 방법에 관하여	94
손톱만 한 행복감이라도 끄집어내기 　마무리를 잘하는 방법에 관하여	98
아무 것도 안 하는 것의 힘 　휴식을 잘하는 방법에 관하여	102
지키진 못하더라도 언저리에선 맴돌 것 　루틴을 유지하는 방법에 관하여	108

관계에서
나를 돌봅니다

하찮은 관계의 위대함	114
내 몫의 아이스크림을 맛있게 먹기 경계 설정의 주인이 되는 법	119
넓게 말고 좁게 제대로 다지기 관계에서 번아웃을 방지하는 법	125
안 본 눈, 낯선 눈, 반만 뜬 눈으로 관대함으로 관계를 이어가는 법	130
너 하고 싶은 거 다 해 지지적 관계를 통해 자존감 만드는 법	135
입추 같은 존재감으로 남의 편이 되어주는 법	139
말은 더하지 말고 빼기 부부간 파국화를 막는 법	144

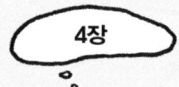

내 마음을 더 키웁니다

더 괜찮은 나를 위한 키워드 셋	152
다 투사다! 내 마음의 필터부터 관리합니다	156
편안한 마음을 갖고 싶은가요? 몸부터 먼저 관리합니다	162
뭐 얼매나 대단하려고 안 되는 건 안 되는 것, 그뿐이라 여깁니다	170
좋아하는 힘이 더 세니까요 '긍정편향'을 사용합니다	175
우리에겐 존경과 영감이 필요하니까요 롤모델을 따라 합니다	179
도망칠 데 하나 정도는 심리적 퇴행을 허락합시다	185
각 침대 찬성일세 혼자여도 좋고 함께여도 좋은 관계를 만듭니다	190
뒷담화? 시원하게 합시다 반성주의자임을 포기하지 않습니다	198
말하라, 세상 안 무너진다 수다의 힘을 믿습니다	203
우리 모두는 가엽고 애쓰는 존재 동병상련과 측은지심으로 나아갑니다	210
손 내밀 때 더 커지는 나 오늘 2센티미터만큼 커진 마음을 만듭니다	215
더하기 17살, 빼기 17살 조금 더 먼 미래를 상상합니다	222
지금을 잘 사는 것이 중요해 '오늘'과 '죽음'은 한 몸이란 걸 압니다	229

프롤로그

국영수, 토익, 주식 시세보다 '나' 공부부터

원체 고상하지도 않거니와, 이번 책에서도-내 기준에선-제법 나를 많이 노출하게 되어 고상한 척하기는 글렀다. 그러니 TMI지만 지극히 개인적인 나에 대해 늘어놓아 보겠다.

· 추운 데서 아무거나, 그것도 허겁지겁 빨리 음식을 먹어야 하게 되면 몹시 못 돼진다.
· 청승 떨되 고음의 기교 없이 담백한 단조의 발라드가 최애. 한 곡에 꽂히면 1시간 내리 듣기도 가능.
· 20대까진 횟집에 가면 회를 샤부샤부하는 만행을 저질렀다. 지금은 못 먹죠, 없어서.
· 빚지고는 못 살아 밥 한 번 얻어먹으면 커피라도 내가 사야 직성이 풀린다. 그러니 거꾸로 얻어먹기만 하는 사람은 뻔뻔해서 싫고, 그런 이에겐 아예 지갑을 닫는 '나 홀로' 소심한 복수극을 벌인다.
· '불사조'라는 별명답게 한때는 술고래에 애주가였다. 지금은 금주 8년 차. 곧잘 마시고 싶을 때가 있다. 하지만 참을 만하다.

· '대충'이란 말을 많이 쓴다. 그만큼 뭐든 구체적으로 짚지 않고 퉁치는 나쁜 버릇이 있다. 그래서 크게 크게 직관력을 발휘하는 좋은 강점의 소유자이기도 하다.
· 욱하는 사람, 직설적인 사람, 감정적인 사람. 뭐 다 괜찮다. 근데 꼬여있다? 짤없이 손절.
· 기분이 나쁠 때는 일단 뜨거운 물에 샤워한다. 향이 좀 센 보디로션을 바른다. 여름이고 겨울이고 할 거 없이 전기장판을 뜨뜻하게 틀고 들입다 잔다.
· 자기 검열이 심하다. 지금 이걸 쓰면서도 이 단어, 이 문장, 아니 이 생각은 쓸까 말까 한다.

무릇 나란 사람은 이런데, 이 중 어느 하나 과거의 나, 현재의 나, 그리고 미래의 나와 안 닿아있는 게 없다. 이를테면 회가 그렇다. 나는 막연히 내가 싫어하는 줄 알았는데, 알고 보니 20대 초반까지 회란 음식 자체를 먹어본 적이 없고-회를 안 드시는 엄마 덕이랄까-그게 내 취향인 줄 알았던 거다(과거의 나). 30대 끝자락에 체력이 엉망진창이라 술을 끊기는 했지만 지금은 그때보다 나으니 한두 잔이야 마셔도 되겠지만, 오늘도 나는 꾹 참는다. 왜? 뭐든 한 번 먹으면 끝장 보려는 습성이 여전하고(과거의 나+현재의 나), 우아하게 술을 즐기는 할머니가 되고 싶거든(미래의 나). 기분이 나쁠 때면 뻔뻔한 사람과는 멀찍이 떨어져 말 섞지 않기, 뜨거운 물에 샤워하기, 좋아하는 음악 듣기, '대충 잘 되겠지'를 읊조리며 잠자기를 할 수 있다(현재의 나).

과거, 현재, 그리고 미래. 나란 사람은 이 세 가지 시점에서 만들어지는 존재의 총합이다. 그래서 순수하게 내 것인 줄 알았던 어떤 면은 알고 보면 부모와 형제, 아니면 학창 시절의 친구, 열렬히 연애하던 그와 상당 부분 맞닿아있다. '나중에 이렇게 되었으면 좋겠다, 이걸 하고 싶다'는 바람이나 기대가 있으면 지금의 내가 참아야 할 욕구를 고를 수 있고 귀찮아도 해야 할 행동을 선택할 수 있다. 소위 '만족지연$^{delay\ gratification}$'이란 걸 해낼 수 있다. 그리고 당장 내 기분 전환에 좋은 것들을 알고 있으니 급한 대로 수혈하는 응급조치를 취할 수 있다. 멀리 갈 것 없고 너무 힘들이지 않고도 지금-여기$^{here\&now}$에서 나를 돌볼 수 있는 거다.

이번 책은 그런 걸 다뤘다. 나란 존재에 대한 이해. 우리는 살아오며 숱하게 많은 시간을 국영수, 그것도 좀 지나면 토익이나 토플, 또 더 지나면 주식이나 부동산 시세에 대한 공부를 하며 정신없이 보낸다. 그러다 문득 마주한다. 난 왜 이런 게 이렇게 힘들지? 내가 이상한가? 저 사람이 왜 유독 싫지? 이런 생각을 하는 게 잘못된 건가? 등등. 그러다 보면 알쏭달쏭해지며,

되게 낯설게 마주한다. 으응? 난 대체 어떤 사람이지? 그럼 그때 흔들리는 거다. 살짝 삐끗이 아니고 존재 자체가 휘청하는 거다.

그러니 같이 들여다보면서 과거, 현재, 그리고 미래의 나란 사람과 제대로 조우해보자. 그래야 나라는 존재의 총합이 만들어내는 단단한 무게감으로, 이런저런 여파에 큰 흔들림 없이 '이 정도면 제법 괜찮은 사람'이라며 스스로를 지키고 아끼며 살아갈 수 있다. 말이야 바른말이지, 그렇게 나란 사람을 알아야 국영수 공부를 해도 더 잘 할 수 있고(나는 국어, 영어를 더 좋아하니 일단 국어 공부로 책상에 앉고 싫어하는 수학을 중간에 끼운 뒤 영어 공부로 마무리해야지), 투자를 하려 해도 더 잘할 수 있으니(나란 인간은 숫자에 젬병이고 숫자가 만들어내는 차트 보는 눈은 더 까막눈. 굳이 들여다보느니 금을 사자). 오히려 더 시급한 공부요, 여러모로 그 결과는 일석이조 아니겠는가.

내 마음을
먼저 알아봅니다

'마음'이라는
내비게이션을 따라갑니다

겉보기엔 야무져 보인다는 말을 종종 듣지만, 사실 나는 꽤 어리숙하다. 예를 들면 이런 식이다. 화성에 있는 우리 집에 가야 하는데 내비게이션을 잘못 설정해 서울 친정집으로 한참을 달린다거나(아파트 이름이 같다는 변명을 해본다), 전혀 내 스타일이 아닌 요상한 옷을 택배로 받아놓고 보니, 내 손가락이 잘못 주문한 것이었다든지(그놈의 손가락이 늘 문제다), 점심 메뉴로 치즈 닭볶음탕이 나온다고 해서 기대했는데, 막상 내 앞에 놓인 건 미역국 백반이었다든지(줄을 잘못 섰던 거다), 이런저런 실수를 반복한다.

이런 나를 가까이에서 지켜보는 가족이나 지인들이 모를 리 없다. 어쩌면 나도 모르는 더 많은 어리숙함을 견디며 나를 데리고 살아주고 있을지도 모른다. 그런데 이를 인정하는 일은 쉽지 않다.

한때는 이를 부정하려 애쓰던 시절도 있었다. 남편이 "이거 잘못 산 거 아니야?" 하면 "아냐, 분명히 보고 샀어!"라며 발끈하고, 동료가 "선생님, 이거 적어주신 날짜가 잘못된 것 같은데요?" 하면 "뭐가요, 맞을걸요?" 하면서 철벽을 친다. 마치 내가 실수하면 모자란 사람이라도 되는 것처럼 느껴져서 방어적인 태도가 먼저 나오는 것이다.

그 결과는 어떨까? 당연히 좋을 리 없다. 상대방은 기분이 나쁠 것이고, 나 역시 실수를 확인하고 수정하는 데 더 많은 시간과 에너지가 소모되니 손해다.

이런 태도는 나 자신에 대한 평가마저 낮추는 악순환으로 이어진다. 게다가 내가 갑자기 철두철미한 인간으로 변할 리도 없으니, 이런 과정은 계속 반복될 수밖에 없었다. 그러다 어느 날 문득 이런 생각이 들었다.

'이게 뭐라고 이렇게 애써 부정하고 있을까? 내가 어리숙한 건 사실이잖아. 그걸 인정한다고 해서 세상이 무너지는 것도 아닌데.'

그때부터 연습을 시작했다. 실수를 인정하는 연습 말이다. 남편이 "이거 잘못 온 거 같은데?" 하면 "어? 그래? 내가 뭘 놓쳤나? 한 번 볼게"라고 답하고, 동료가 "선생님, 적어주신 숫자가 맞을까요?" 하면 "흠, 확인해 볼게요!"라고 반응한다. 즉, '내가 실수했을 수도 있어'라고 인정하고, 바로 해결하는 쪽으로 초점을 옮긴 것이다.

그러자 한결 편해졌다. 구식 내비게이션의 안내를 따라 이리저리 돌아가는 대신 최신 내비게이션을 따라 빠르고 정확한 길을 찾은 느낌이랄까. 괜히 상대에게 날을 세울 필요도 없고, 불필요한 갈등도 줄어들며, 문제 해결에 집중할 수 있어 시간도 절약된다. 무엇보다 그런 나 자신이 더 괜찮게 느껴지고, 마음도 흡족해진다. 여러모로 좋은 변화였다.

이번에는 '괜찮은 사람이 되는 법'에 대한 이야기를 나누려 한다. 사실 이것만큼 우리를 애달프게 하면서도 기쁘게 하는 주제가 또 있을까? 사람은 자신이 괜찮지 않다고 느끼면 우울해지고, 괜찮지 않을까 봐 불안해진다. 반대로 자신이 괜찮다고 느낄 때 만족스럽고, 앞으로 더 괜찮아질 거라 기대될 때 신난다. 결국 '괜찮은 사람이 되는 것'은 어른이든 아이든 늘 고민할 수밖에 없는 문제다.

그런데 많은 사람들이 자신이 언제 괜찮은지, 혹은 괜찮지 않은지를 잘 모르는 듯하다. 쉽게 말해, 언제 기분이 좋아지고 나빠지는지, 혹은 어떻게 해야 기분이 나아지고 편안해지는지를 모른다. 마치 패션 코디나 스타일링에 익숙하지 않아서 '나는 어떤 옷, 머리 스타일이 어울리지?'라는 질문 앞에서 주춤하는 것처럼 말이다. 더구나 마음이란 건 실체가 없어서 그저 매사에 걸리적거리며 자신을 봐달라고 아우성치는 존재이니 더욱 어렵게 느껴진다.

그렇다고 마냥 손 놓고 있을 수만은 없다. 어른이라면 자기 감정은 스스로 돌봐야 한다. 자신의 마음을 잘 알아채고 괜찮은 사람이 되도록 관리해야 한다. 하지만 너무 걱정하지 말자. 나처럼 어리숙한 사람도 제법 마음을 이해하고 받아들이며 다루려 애쓰고 있으니 말이다. 그러니 함께 가보자. 괜찮은 사람이 되기 위한 첫걸음으로, 나를 탐색할 내비게이션을 설정하며.

나는 무엇에 휘둘리는가
'정서적 트리거'에 관하여

얼마 전 회사 익명 게시판에서 본 질문이다.

"식당에서 앞사람이 뒷사람을 위해 문을 잡아주잖아요. 어떻게 생각하세요?"

어떻게 생각하냐니? 매너 좋고 고마운 친절 아닌가, 뭐 이런 당연한 질문을?

호기심이 생겨 클릭해 보니 의외로 댓글들이 왁자지껄하다. 게다가 '불편하다'는 입장도 꽤 된다. '앞사람이 문을 잡아주고 있으면 내 속도대로 갈 수 없다', '내 기준에선 제법 먼 거리인데, 그렇게 문을 잡고 기다려주고 있으면 부담스럽다' 등등이 그 주장이다.

그러고 보니 또 공감이 간다. 나도 앞사람이 꽤 멀리서 문을 잡은 채 기다려주는 바람에, 종종걸음으로 서두르며 괜스레 미안해했던 어느 날이 떠오르면서.

이런 생각의 차이가 재미있어서 그날 동료들과 이 이야기를 더 나눴다. 과연 어느 정도의 거리면 편하게 여겨지는지 말이다. 3미터? 10미터? 아니면 거리에 상관없이 서로 눈이 마주치면 일단 기다려준다? 여기에 내가 문을 잡아줬을 때 뒷사람의 반응은 어때야 한다고 생각하는지까지. '목 인사라도 해야 한다', '자기가 뒤이어 잡는 시늉이라도 해야 한다', '아니다. 내가 잡아준 거니까 반응이 어떻든 상관하지 않아야 한다'까지. 고작 서너 명 모였는데도 어찌나 생각들이 다르던지, 정말 100명이 모여 이 이야기를 하면 100개의 생각에 100분은 훌쩍 가겠구나 싶었다.

그러고 보면 감정도 마찬가지다. 같은 호의로 뒷사람을 위해 문을 잡아주는 행위를 했어도, 뒷사람의 반응에 대한 해석은 '괘씸하다', '부담스럽다', '상관없다' 등등으로 달라지는 것처럼 말이다.

'정서적 트리거trigger'라는 게 있다. 방아쇠를 당겨야 총알이 날아가듯, 나의 감정을 뒤흔드는 심리적 방아쇠를 의미한다. 그리고 그건 사람마다 다르다. 오죽하면 "뇌진탕처럼 목숨을 위협하는 대단한 사건일 수도 있지만, 종이에 손가락을 베는 일처럼 사소한 순간일 수도 있다"[1]고 표현될까. 그러니 그게 가능해지는 거다. 옆 사람의 화가 나한테는 "아니, 이게 이렇게까지 화낼 일?"이지만, 그에겐 "응, 그게 그렇게까지 화낼 일!"이 되는 게.

그러니 그의 것이야 그렇다 치고, 우선은 내 트리거부터 잘 아는 게 먼저다. 조금 더 자세히 말하자면 무엇이 날 뒤흔드는지를 알아야 한다는 말이다. 나를 존중하지 않는 무시? 나의 수고를 불러일으키는 무책임? 어쩜 저리 내 맘을 몰라주나 싶은 무관심? 불쑥 프라이버시를 침범해 오는 무례함? 여럿 앞에서 부끄럽게 하는 무신경함? 곰곰이 생각해 보면, 30대까지의 내 트리거는 주로 이런 류에 해당하는 타인의 말과 행동이었다. 여전한 것도 있지만, 40대 중반을 넘어가면서는 그 트리거의 방향이 전환된 느낌이다. 바로 누구도 아닌 나의 말과 행동으로 말이다.

얼마 전에도 같이 일하는 동료의 무책임하고 뻔뻔한 행동에 기분이 많이 상했다. 자연스레 그를 혼내 주고 싶단 생각도 들었던 모양이다. 참지 않고 냉정한 말을 퍼부었다. 순간엔 어찌나 후련하던지. 하지만 그런 감정은 그리 오래가지 않았다. '굳이 그렇게까지 얘기할 필요는 없었는데'라는 후회, '좀 더 성숙하게 대처할 수도 있었을 텐데'라는 아쉬움이 이내 따라

왔기 때문이다.

이런 일들이 반복되면서 나는 나의 트리거가 상당 부분 '나의 반응', 그러니까 트리거가 되는 타인의 언행에 대한 나의 언행이란 걸 알아채게 되었다. 일종의 연쇄 반응인 셈이다.

여기에 신체 컨디션의 노예가 된 40대 후반의 내 몸뚱아리는, 잠이 부족했거나 일이 많아 피곤한 날이면 더더욱 이 트리거에 압력을 가해 더 큰 감정의 파고를 만들어 내기 일쑤다. 그러니 그저 먼저 알아채고 조심할 수밖에 없다. 몸이 피곤한 날에는 누군가의 잘못된 언행에 미치도록 화가 났어도 일단은 달달한 커피 한 모금을 꿀꺽하면서 말이다.

그리고 나서 다시 보면, 대체로 '미치도록'까지는 아니고 '그럭저럭' 정도로는 화가 줄어들어 있다.

당신의 정서적 트리거는 무엇인가? 무슨 상황, 어떤 사람, 혹은 어떤 말 또는 어떤 행동인가? 여기에 더해 부족한 잠이나, 배고픔, 피곤함, 두통, 또는 치통, 숙취 등 몸 컨디션은 어떨 때 당신의 트리거를 가속화시키는가? 이 요물 같은 놈에게 마냥 휘둘리고 싶지 않다면, 먼저 규명부터 해봐야 하지 않겠는가. 이놈이 언제 어떤 상황에서 확 발사되고, 끝내 시뻘건 피를 보거나, 엉뚱한 데로 날아가 괜한 상처를 입히는지 말이다.

{ 나에게 뿌리 박힌 그것은? }
'원가족 경험'에 관하여

 몇 년 전, 후배와 공동 논문을 쓰고 난 뒤의 일이다. 공들인 논문이 게재된 학술지를 받아본 그날, 후련함과 뿌듯함에 뒤풀이를 했다. 한창 이런저런 이야기를 나누며 즐거운 자리를 가지고 있는데, 후배의 휴대폰에서 불이 나는 것이었다.

 "연애도 안 하는데 이 시간에 누구?"

 짓궂게 물어보니 가족들이란다. 그녀의 엄마, 아빠, 언니, 그리고 그녀가 함께하는 SNS 가족 단톡방이라는 것. 여기서 첫 번째 충격. 아, 가족끼리 한데 모여 톡을 하는구나! 그런데 무슨 이야기를 할까? 오히려 나의 질문이 의아하다는 듯, 후배가 무심히 보여준 가족 단톡방에는 논문을 게재한 그녀에 대한 가족들의 칭찬과 축하가 한가득이었다.

'이야, 우리 딸 장하다.'

'오, 내 동생 고생 많았어!'

여기서 두 번째 충격. 세상에 가족끼리 이런 것도 공유하는구나!

그렇게 시작된 그녀 가족 단톡방 구경은 내게는 가히 신세계였다. 그도 그럴 것이, 그녀보다 앞서 몇 편의 논문을 더 썼어도 나는 단톡방은커녕 친정 식구들에게조차 그 이야기를 단 한 번도 한 적이 없었다. 그런데 후배는 생일이면 생일이라고, 회사에서 좋은 평가를 받으면 자랑할 일이라고, 하물며 오늘 날씨가 너무 좋아서, 아니 하다못해 강아지가 귀여운 짓을 했다고, 이런 것들까지 사진으로 공유하며 시시콜콜 미주알고주알 이야기를 나누고 있었다. 그래, 이 표현이 딱 맞다. 시시콜콜 미주알고주알.

아무튼 이런 이야기를 나눈다는 게 너무 신기해 감탄사가 절로 나왔다.

'와아, 세상에. 이토록 스윗한 가족이라니!'

그렇게 자연스레 깨닫게 됐다. 왜 그녀가 일상에서도 그렇게 사람들을 살뜰히 챙기고, 이야기보따리를 나누는 걸 좋아했는지 말이다. 어느 카페에서 맛있게 먹다가 생각이 났다며 쿠키 하나 슬쩍 건네고, 주말에 다녀온 멋진 장소를 보여주겠다며 사진 하나 슬쩍 보여주고, 어제 선배는 뭐 했냐며 호기심 어린 질문 하나 슬쩍 던지는 그녀.

알고 보니 어릴 적부터 그녀는 부모님과 함께 가족 신문을 만들고(응? 학교 숙제도 아닌데?), 생일이면 한 주간은 온통 그 사람이 주인공이 되고(생일, 그게 대수던가?), 식사 자리에서 온갖 이야기들이 오가고(밥상머리에선 조용히 밥만 먹어야지), 작은 성취도 크게 칭찬해 주는 문화 속에서 자라왔다(항상 겸손해야지. 게다가 옆집 애는 더 잘한다더라). 그녀의 '원가족 경험family of origin experiences'은 그녀의 성격과 행동 곳곳에 뿌리처럼 깊이 박혀 있었던 것이다.

반면 눈치채셨겠지만, 그런 스윗한 그녀와는 정반대로 나는 드라이하다. 책임감과 예의를 중요하게 생각하고, 정서 표현이나 칭찬에는 덤덤하며, 자신과 타인에 대한 기준이 엄격한 성향이다. 이 모든 것들이 어디서 비롯되었을까. 흐트러짐 없이 단정한 모습으로 자기 관리에 철저했지만, 가족과의 정서적 교류는 적고 필요한 말 외엔 거의 하지 않았던 아빠. 외며느리로 많은 시댁 일을 건사하고, 자식 넷을 키우느라 외롭고 바쁜 일상 속에서 '뭔가를 잘하는 자식'의 성취만이 유일한 기쁨이었던 엄마. 그리고 한 집에서 북적이며 살기 위해 책임과 질서를 지켜야 했던 형제들. 이렇게 내 원가족 경험은 나도 모르게 나를 빚어 왔다. 그리고 그 뿌리는 생각보다 깊었다. 곳곳에서 부지불식간에 묻어나는 그 원가족 경험의 질긴 생명력을 마주하게 되면 흠칫 놀라기 일쑤다.

정현종 시인의 〈방문객〉이란 시에 이런 구절이 있다.

'사람이 온다는 건 실은 어마어마한 일이다. 그는 그의 과거와 현재 그리고 그의 미래와 함께 오기 때문이다. 한 사람의 일생이 오기 때문이다.'

아마도 마지막 문장은 이렇게 바꿔도 무방하지 않을까.

'사람이 온다는 건 실은 어마어마한 일이다. 그는 그의 과거와 현재 그리고 그의 미래와 함께 오기 때문이다. 한 사람의 가족이 함께 오기 때문이다.'

한 사람을 보다 더 깊이 알려면 그 사람의 원가족 경험까지 이해할 수 있어야 한다. 그래야 그 존재가 더 깊이 이해된다. 어찌하여 그이가 저렇게 말하고 행동하는지, 그 뿌리에서 뻗어 나온 수많은 잔가지들을 알 수 있다. 그리고 이 점에서 누구도 예외일 수 없다. 아, 물론 이렇게 말하면 그 깊은 뿌리란 게 원망스럽게 여겨질 수도 있겠지만 너무 걱정할 필요는 없다. 뿌리는 바꿀 수 없을지언정, 내 잔가지들은 내가 원하는 방식으로 건강하게 키워낼 수 있으니까 말이다.

드라이하기 짝이 없던 나도 그 신세계를 경험한 날로부터 얼마 뒤, 친정 식구들과 단톡방을 시작했다. 그리고 이제는 그 단톡방에서 '용건만 간단히'를 넘어, 때로는 부모님 기분 좋으시라고 시시콜콜 좋은 일 자랑도 하고 미주알고주알 일상 수다도 건넨다.

  또 한편으론 뿌리라는 게 본래 그런 것 아닐까 싶다. 각각의 모양이 다르고, 각각의 특성이 다르고, 그래서 각기 다른 종류의 나무를 키워내듯, 나는 비롯 스윗하지는 않을지언정 매사에 부지런하고 열심인 '나라는 사람'이 만들어진 것이 아닐까. 우리는 스스로를 새롭게 키워낼 수도 있고, 이미 가진 것 중에서 좋은 것을 골라낼 수도 있는 어른이니까.

{ 감정을 어떻게 처리하는가 }
'정서적 대물림'에 관하여

30대 초반 여성 A. 이런저런 이야기를 나누다 감정이 좀 더 격해지는 순간에 다다르면 그녀는 정신을 차리려는 듯 고개까지 절레절레 흔들며 "아, 근데 별거 아니에요, 다 잘될거예요. 제가 더 잘하면 되거든요"라는 식의 말로 황급히 토픽을 전환하곤 했다. 그래서 어느 날 딱 잡고 물어봤다.

"A 씨 부모님은 주로 어떤 감정을, 어떤 방식으로 많이 표현하셨나요?"

그렇게 탐색 된 A 부모님의 모습은 다음과 같았다. 제법 탄탄한 중소기업의 임원을 할 정도로 능력이 뛰어났던 A의 아버지는 워커홀릭에 비즈니스 모임도 잦아 자녀들과는 접촉이 거의 없었다. 또한 원체 자기가 우선이었고 다른 사람의 간섭을 받는 걸 매우 싫어하는 성격이었다. 반면 가정주부였던 A의 어머니는 사교적이고 목소리도 큰 데다 감정 표현이 격한 편이었는데, 매사에 자기중심적이고 가정과 자녀들에게는 냉담한 남편에 대한 불만으로 늘 화가 나 있었다. 그러니 둘 사이에 싸움이 잦았던 것은 당연한 일이었다.

더욱이 그 싸움의 방식이란 것도 어머니가 아버지에게 소리소리 지르며 퍼부어대는 식으로 시작을 하면 아버지는 들은 척도 안 하거나, 나중에는 낮은 목소리로 반박하다가 결국 갑자기 화를 버럭 내면서 TV 리모컨이나 책 등을 벽에 집어 던지는 식이었다. 당연히 어린 A에게는 상당히 무서울 수밖에 없었고, 부모님이 함께 있는 시간이 되면 늘 또 싸움이 일어나지 않을까 긴장하기 일쑤였다.

또한 A의 부모는 모두 체면을 중요하게 여기는 사람들이라 자녀들이 울거나 뭘 잘못해 실망스러운 상황이 되면 "다른 사람에게 창피하다", "너희 친척들이 어떻게 생각하겠니?"라는 말을 자주 했다. 그래서 A는 '아, 감정이란 건 겉으로 드러나면 더 안 좋은 일, 갈등이 생기는 거구나', '뭘 잘못하는 건 수치스러운 거고, 다른 사람에게 함부로 들켜선 안 되는 거구나' 하고 학습하게 된 것이다.

그러니 어떻겠는가. A는 어떤 깊은 감정과 맞닥뜨려지는 순간이 되면, 에구머니나 하고 화들짝 놀라서는 못 볼 꼴을 본 양, 들키지 말아야 할 꼴을 보인 양, 금세 다른 이야기로 돌리거나, 그냥 없었던 일로 치부하며 자기가 잘하면 된다는 식으로 성급히 결론을 내버리게 되는 것이다.

이런 걸 보고 바로 '정서적 대물림' 혹은 '다세대 전이 과정 multigenerational transmission process' 이라고 한다. 부모 세대에서 형성된 감정적 패턴이 자녀 세대까지 영향을 미치는 현상이다. 부모와 자식 간에 외형적인 측면인 얼굴 생김새, 체형뿐만 아니라 심리적인 측면인 감정 패턴까지 똑 닮는 것을 의미한다. A의 사례를 보며, '우리 부모님은 어땠더라?' 하는 생각을 하고 있다면 아주 잘하고 있는 거다. 그렇게 떠올려지는 내 부모의 주된 감정, 그리고 그 감정을 대하는 방식을 한 번은 잡고 물어볼 수 있어야 한다.

유전의 힘은 실로 놀랍다. 하다못해 발가락도 닮는다는데, 하물며 전염성 강한 감정은 왜 아니겠는가. 순순히 그 강력함을 인정하고, 될 수 있다면 꼼꼼하게 아주 자세히 적어 보는 것도 좋다. 그래야 나에게도 대물림된 감정의 처리 방식을 탐색할 수 있기 때문이다. '난 절대 엄마처럼은 안 살 거야!', '아빠처럼 되긴 싫어!' 그러면서도 나도 모르게 닮아버린, 그래서 가끔은 소름 돋고 진절머리도 나게 되는 감정 DNA. 이를 정면으로 마주할 수 있어야 한다. 그리고 그럴 때 비로소, 이미 그렇게 생겨먹은 발가락은 못 바꿀지언정, 정서적 대물림은 내가 원하는 방식으로 잘라내고 바꿔볼 수 있다는 사실을 깨닫게 될 테니까 말이다.

{ 무슨 말을 많이 듣고 자랐는가 }
'자기상'에 관하여

　우연찮게 온도 차가 극명한 내담자들을 같은 날 만나게 되는 경우가 있다. 30대 중후반의 비슷한 나이에 스펙도 비슷한 A와 B. A는 직속 상사와의 불화로, B는 본인의 화나는 성미를 다스리고 싶어 상담실을 찾았다.

　A는 독단적이고 거친 스타일의 직속 상사로부터 존중받지 못하고 무시당한다는 느낌에 자주 상처받았지만, 꾹꾹 참으며 때마다 휴가를 써 좋아하는 취미 활동을 하는 방식으로 근 2년을 버텨 왔다. B는 업무에 대한 열정과 철두철미한 일 처리로 평판이 좋은 반면, 자기 계획에 벗어나는 일이 생기면 화가 나곤 하는데, 그런 자신에 대한 불편감이 컸다.

　상담을 하면서 A는 불만족스러운 상황에 대한 자신의 대처

방식을, B는 감정에 대한 인식과 평가를 주로 다루게 됐는데, 자연스레 어린 시절이나 부모님, 그리고 성장 과정에 대한 이야기도 나누게 됐다. 그리고 그날은 우연찮게 어린 시절을 주제로 상담을 하게 됐는데, A와 B 간 색이 많이 달라 인상적이었다.

A는 어린 시절 부모나 주위 사람들로부터 어떤 이야기를 많이 듣고 자랐냐는 질문에 이렇게 답했다.

"크게 떠오르는 말 같은 건 없어요. 생각해 보면 엄마는 늘 뭐든 내가 하고 싶은 대로 하라고 하셨어요. 태권도를 다니다가도 재미없어 안 가겠다고 하면 '그래', 그러다 또 뭐 하고 싶다고 하면 역시나 '그래라'. 대체로 좀 편하고 느긋하게 놔두는 그런 분이셨어요."

반면, B는 이랬다.

"아버지가 어렵게 자라 자수성가한 분이라 그런지 되게 엄격하셨는데, '남자는 이래야 한다'라는 말을 많이 하셨어요. 뭘 하더라도 완벽하게 해야 한다며 늘 계획을 따져 물으셨죠. 아, 그리고 이런 말씀도 진짜 많이 하셨어요. "남들에게 얕잡아 보여선 안 된다", "어디 가서 쉽게 감정 드러내지 마라, 그게 지는 거다!"

어떤가. A와 B가 어른이 되어 불편을 겪고 있는 현재의 모습이 한층 더 이해되지 않는가?

누구에게나 어린 시절 유독 많이 들었던 말이 있을 것이다. 그 말은 "1등이 최고!"일 수도 있고, "우리 ○○은 참 착해"일 수도 있다. "지금에 만족하면 안 돼, 항상 더 잘해야 해!" 혹은 "할 수 있다면 요령껏 해"일 수도 있다.

그런데 이처럼 중요한 타자—대체로는 아이가 너무 사랑해 마지않는 부모—로부터 끈질기게 들어온 말은 '자기상$^{self-image}$'으로 뿌리내려 더 끈덕지게 영향력을 발휘한다. 다른 누구의 말이 아닌 자신의 말이 되어 내면에서 계속 목소리를 내는 것이다. 넌 그런 사람이라고. 늘 그래야 한다고.

그 결과 A는 자신을 존중해 주지 않는 사람을 만나면 그 낯선 경험이 당황스럽고 불만족스러웠지만 갈등 상황에 익숙하지 않아 피하는 방식을 택해 왔던 것이고, B는 뭐든 완벽하게 통제해야 하는데 감정이란 놈은 만만치가 않으니 요동이 발생하면 그 자체를 받아들이기 어려웠던 것이다.

고백하자면 나는 어린 시절엔 '다재다능하다', '뭐든 잘한다'는 평을 곧잘 듣곤 했다(이랬던 나는 대체 어디 간 거지?). 그런 나를 유독 예뻐하고 내가 이룬 결과에 기뻐하셨던 엄마의 환한 미소가 지금도 그렇게나 생생할 수가 없다. 그래서였을까. 마흔이 훌쩍 넘어서도, 아니 마흔이 뭐람, 이제 곧 반백 년이 될 나이를 앞두고도 여전히 내 안에선 뭐든 '잘 해내야 해!' 하는 목소리가 자주 들린다. 그러니 몰라도 아는 척, 아녀도 그런 척, 약해도 강한 척하는 때가 왕왕 있고, 어쩔 땐 솔직히 내가 못 해낼 걸 알지만 그 사실을 정면으로 맞닥뜨리고 싶지 않아 애당초 포기해 버리고는 '쏘 쿨~'한 척하며 하기 싫어 안 하는 것이라고 거짓부렁을 지껄일 때도 있다.

자라면서 많이 들었던 사랑하는 이의 말. 그 말은 이미 그를 떠났지만, 그리고 그 말의 속뜻은 사랑이고 애정이었겠지만, 정작 자신은 그 말을 잊거나 버리지 못하고 여전히 되새김질하는 경우가 많다. 그러면서 스스로에 대한 생각을 더 견고히 하고 있는 것인지도 모른다.

중요한 것은 그것이 무엇인지를 아는 것이다. 떠올려 보시라. 당신은 어떤 말을 많이 듣고 자랐는지를. 그 말들이 여전히, 혹은 오히려 더 많이 스스로를 얽어매고 있는 것이 아닐까. 그리고 그 목소리는 과연 적절한가, 과한가. 혹은 따뜻한가, 엄격한가.

무엇이 나를 좀비로 만드는가
'갈망감'에 관하여

갈망감이라는 게 있다. 목마를 '갈渴'에 바랄 '망望' 자를 쓴다. 무언가를 간절히 바란다는 뜻이다. 이 단어를 듣자마자 떠오르는 게 있는가? 사랑? 돈? 술? 성취? 인정? 갈망감은 알코올이나 도박 등 중독 치료에서 많이 사용하는 용어로, 문제를 재발시키고 악화시키는 동력이 되는 것을 의미한다. 술을 마시지 말아야 한다는 건 알지만 술을 먹게 하고, 술을 마시고 싶지 않은데도 자꾸 마시게 하는 그것. 그놈에 휩싸이면 홀린 듯 갈망의 대상을 찾게 된다. 마치 맹목적으로 피를 쫓는 좀비처럼.

중독이냐 아니냐일 뿐, 사실 갈망감은 인간이라면 모두가 가지고 있는 보편적인, 본능적 감정이다. 그 대상과 정도, 조절력이 다를 뿐이다. 그렇지 않은가. 목이 마르면 물이 너무 마시고 싶고, 사랑을 하면 미친 듯 보고 싶다. 그러니 중요한 건 지금 나에게 갈망이 되는 대상이 무엇이고, 그 대상이 나에게 해로운 것이냐, 이로운 것이냐를 아는 것이다. 해로운 것일 경우엔 무엇이 내게 그 갈망감을 더 유발시켜 이성을 잃은 좀비로 만들어 버리는가를 발견하는 게 중요하다. 가장 강력한 원인 네 가지가 바로 배고픔과 화, 외로움, 피곤함이다.[2]

생각보다 단순하다고? 어쩌겠는가, 그만큼 우린 그런 단순함에도 홀라당 빠져 좀비가 되곤 하는 나약한 인간인 것을.

그러니 내가 멀리하고 싶은 행동이 있다면, 그 행동을 하지 않겠다는 의지를 내기 이전에 나라는 인간이 네 가지 측면에서 어떤지를 먼저 살펴보고, 어느 하나 부족하지 않게 챙겨줄 필요가 있다. 대단한 것도 아니다. 때 되면 잘 먹는 일상(배고픔). 분노 유발자는 되도록 멀리하거나 보호막을 치고 영향을 덜 받는 일상(화). 내 편이 되어줄 사람들과 더 많이 정을 나누는 일상(외로움). 무리하지 않으면서 잠도 잘 자게 만드는 일상(피곤함). 이것들로 무탈하고 평온한 하루를 만드는 것이다.

이는 《기분이 태도가 되지 않게》(레몬심리, 갤리온)라는 책이 전하는 감정 관리 방식과도 일맥상통한다. 여기서 제안하는 대로 뚜렷한 이유 없이 기분이 안 좋을 때면 자신에게 3가지 질문을 던져보자.

- 밥은 제대로 챙겨 먹었나?

- 요즘 잠은 제대로 잤나?

- 운동은 좀 하고 있나?'

사실 굳이 책에서 찾을 필요도 없다. 우리 할머니들이 늘 무심하게 툭 던지는 말이기도 하니까. "인생 별거 있어? 잘 먹고, 잘 싸고, 잘 자는 게 최고야"라면서.

하지만 일상이란 것은-그 뜻과는 정반대로-'날마다 반복하기'가 왜 그리도 어려운 것인지. 나 역시 자주 피곤함에 무너지곤 한다. 그래서 피곤함은 식탐 있는 나에게 음식을 향한 강력한 갈망감을 불러일으킨다. 그럼 시작되는 거다. '와구와구'의 향연이. 그나마 이것도 '식탐→과식→소화불량'의 악순환을 몇 번이나 경험하며 고생 꽤나 한 뒤, 갈망감의 출처를 살피겠노라 다짐한 채 몇 주 동안 스스로를 관찰해 알아낸 결과다. 그만큼 각자가 다르고, 저마다에게 더 강력한 게 있다는 것이다.

그러니 각자 찾아야 한다. 두 눈 똑바로 뜨고 나를 남 보듯 관찰하며, 어디서 주로 피가 나는지 찾아내야 한다. 좀비에게 피를 쪽쪽 빨아 먹혀 내 평온한 일상을 삐쩍 말리고 싶지 않다면. 아 씨, 무서워.

내가 원하는 사랑을 또렷이 요구하기
'5가지 사랑의 언어'에 관하여

남편은 내 책의 첫 독자이자 감수자다. 어리숙한 나보다 두루 믿음직스러워 전반 기조에 대한 그의 동의가 있으면 일단 안심이 되고, 워낙 꼼꼼한 성격인 터라 문장의 오류나 오타 또한 잘 잡아주니 믿음직하기 그지없다.

반면(원래 흠 하나 보려면 좋은 말 두 개 정도는 깔아줘야 하는 법), 칭찬이나 격려에는 아주 인색한 편이라 내 전작들의 초고를 다 읽고 난 뒤에도 총평이란 게 고작 "나쁘지 않네" 정도다. 옛다, 기분이라도 좋으라고 "너무 잘 썼다"라거나 "대박 날 거 같아"는 커녕, "괜찮다"도 아니고 "나쁘지 않았다"라니! 절레절레.

이 정도면 서운함 직도 하겠지만 그동안 살아온 세월이 있고, 그 전 책 작업 때도 비슷한 반응을 경험했기에 어느 정도

내성이 생긴 터였다. 그래서 샐쭉 토라지거나, "반응이 그게 뭐냐, 제대로 다시 해보라"며 곤란해할 게 뻔한 숙제를 내거나, 괜한 싸움을 거는 대신 잽싸게 초고속 환승 연애를 시도했다. 그 대상은 지지와 격려에 있어서만큼은 대한민국 저리 가라 급으로 '꾼'인 후배 셋이 모인 단톡방이다.

아직 원고를 읽어본 적이 없는 그들이지만 나는 전혀 상관없이 천연덕스럽게 그들에게 주문한다. "초고를 탈고했어. 나 좀 응원해 줘!" 그럼 이제 난리가 나는 거다. 그들은 이미 열 번은 읽어본 것처럼 열심이다. 세상 감탄사란 감탄사, 느낌표란 느낌표는 죄 끌어다 모아 열렬하게 반응한다. 이미 베스트셀러 작가가 된 듯한 착각마저 불러일으키도록 온갖 미사여구를 남발한다. "우와아아앙! 언니. 멋져요!", "난 진즉 알고 있었다구요, 대박 조짐!", "2쇄는 언제라고요? 소고기 사주세요!" 그럼 또 난 그 거짓의 난리 블루스에 속아 넘어가 자신감을 회복한다. 그리고는 옆에서 세상 무심한 표정으로 장기 게임이나 두고 있는 남편에게 씨익 미소까지 띄워 보낸다. 남편 어리둥절. 나는 후훗.

'5가지 사랑의 언어'라는 게 있다. 미국의 결혼 상담자인 개리 채프먼Gary Chapman 박사가 주장한 이론으로, 사람들이 사랑을 표현하고 받는 방식에는 차이가 있는데, 5가지 주요한 방식으로 나타난다는 것이다. '인정의 말words of affirmation', '함께하는 시간quality time', '선물receiving gift', '봉사acts of service', '신체적 접촉physical touch'이 그것이다. 여기에 근거해 따져보면, 내 남편의 주된 사랑 표현 방식은 칭찬이나 격려를 포함하는 '인정의 말'이 아니고, 상대에게 도움을 주는 '봉사'의 형식으로 나타난다. 내가 아플 때 다정하게 "힘들어서 어쩌니, 걱정이다"와 같은 말을 건네지는 않지만, 청소와 빨래를 도맡아 한 뒤 곱게 쌀을 갈고 전복을 넣어 오래 끓인 죽 한 그릇을 들이미는 식이라는 것이다.

그러니 어쩌겠는가. 사랑의 언어나 선물 따위엔 서투른 남편에게 내가 위로나 격려를 받고 싶다면? 차라리 "나 이거 좀 해줘"라고 부탁하거나(그의 주요 언어인 봉사를 얻기 위해), 아예 콕 집어 "나 축하받고 싶으니 꽃 한 다발만 사다 줘"(내가 당시 원했던 언어가 선물이라면)라고 요구하는 게 현명하지 않겠는가. 원하는 거 안 해준다고 실망하거나(당초 안 될 사람에게 자꾸 기대하는 것처럼 미련한 짓도 없다), 내 마음 하나 못 알아준다고 화내지 말고(그는 관심법을 가진 궁예가 아니거든).

〈멜로가 체질〉이라는 드라마에 이런 장면이 나온다. 남자 친구의 죽음으로 꽤 오래 힘들어한 여자. 그녀는 남자 친구의 환상을 부여잡고 버티며 근 2년을 살아왔다. 어느 날 여자는 드디어 남자 친구의 죽음을 받아들이게 된다. 그리고 친구들을 찾아가 울먹이며 내뱉는다.

"나 힘들어, 안아줘. 너네한테 한 말이야."

2년 내내 여자를 기다려준 친구들은 그녀를 따뜻하게 감싸 안고 함께 슬퍼하며 위로해 준다.

볼 때마다 콧날이 시큰해지는 명장면이다. 자신에게 필요한 사랑의 형태를 똑바로 알기, 그리고 들어줄 만한 타인에게 제대로 요구하기. 사랑 중 제일이 무조건적 사랑이라고? 글쎄다. 난 사랑에도 '조건'이란 게 분명 있다는데 한 표.

{ 모든 사람이 미라클 모닝 족이 될 수는 없다 }
'기질적 특성'에 관하여

    코로나19 팬데믹 동안 유행처럼 번졌던 미라클 모닝. 코로나 종식 후 몇 해가 지났지만 그 인기만큼은 여전한 듯싶다. 그만큼 시간을 생산적이고 의미 있게 활용하고자 하는 사람들이 많단 거겠지. 하긴 나조차도 보통 새벽 5시에 기상해 하루를 시작하는 편이니 굳이 따지자면 미라클 모닝 족이겠다. 사실 밤 10시면 자야 하는(아니, 자게 되는) 저질 체력이 되면서 어쩔 수 없이 '떠밀려 미라클 모닝'이 된 거긴 하지만.

    상담실에서 만나는 분들만 해도 그렇다. 나름 대한민국에서 내로라하는 학교를 졸업하고 그 어렵다는 취업 관문을 통과해 사회인의 첫발을 내딛고 있는 20대 신입사원들. 회사 적응하랴, 연애하랴 바삐 지내면서도 자신의 게으름을 탓하는 이들이 상당히 많다. 누구는 미라클 모닝으로 영어 공부나 이직 준비도 한다던데 자신은 번번이 실패한다는 거다.

신입사원들뿐이랴. 30대 워킹맘들도 만만찮다. 애 키우랴, 일하랴 양쪽에서 눈치 보며 늘 시간에 허덕이다 보니 생각 끝에 '나도 미라클 모닝이라도 해야지' 싶어 도전했지만 그게 참 쉽지 않더라며 민망한 웃음을 지을 땐 안타까운 마음에 욕까지 나온다. '이런 빌어먹을 미라클 모닝!' (아, 물론 속으로만 하는 말이다.)

사실 미라클 모닝이 무슨 죄겠는가. 자기에게 맞는지 안 맞는지도 모르는 채 하려 하고(사실 여기까진 괜찮다. 뭐든 시도는 해볼 수 있으니까), 영 안 되는 것에 대해 과한 죄책감을 갖는 게 문제지(당신에겐 미라클 이브닝이 맞는 걸 수도 있잖아).

'TCI$^{temperament\ and\ character\ inventor}$'라는 심리 검사가 있다. 유전적으로 타고난 정서 반응을 나타내는 기질, 자신을 어떤 사람으로 보고 있는지 그러면서 기질을 조절할 만한 힘이 있는가의 성격을 탐색하는 검사다. 이 검사의 소척도 중에 인내력^{persistence}이라는 게 있는데, 어떤 행동을 쭉 지속하려는 경향성을 나타낸다. 그리고 이 하위 요인에 근면$^{eagerness\ of\ effort}$이 있다. 타고나길 부지런한 사람은 이게 높다. 반드시는 아니지만 대체로, 미라클 모닝을 수월하게 하는 사람은 인내력이 어느 정도 있고, 그중에서도 근면이 높은 쪽인 거 같다.

반면에 인내력이 높지 않고 근면까지 낮은 사람은 미라클 모닝과의 궁합이 별로다. 그 취지와도 맞지 않다. 미라클 모닝은 하루를 더 빨리 시작하자는 것인데, 시작이 더디고 미루고 미루다 하는 스타일인 그들에게 새벽같이 일어나는 건 결코 쉬운 일이 아닌 것이다. 오히려 이들에겐 느지막하게 시작해 나중에 탄력이 붙는 올빼미족이 맞다. 게다가 이들은 끝없이 자신을 몰아붙이는 끈질김 대신 현재에 만족을 잘하고 융통성이 좋으며 순발력이 뛰어나다는 장점이 있다. 그리고 이것만으로도 충분히 자신만의 미라클 투데이를 만들 수 있는 것이다.

그러니 그놈의 미라클 모닝 하려다가 '역시 난 안 되는 인간'이라며 스스로를 한 번 더 깎아내리는 짓 좀 그만하자. 미라클 모닝만이 아니다. 그게 뭐든 자신이 어떤 특성을 타고났는지 한 번쯤은 찬찬히 들여다보고, 될 것은 하고 안 될 것은 포기하는 게 좋다.

나도 '타고난 기질? 극복하면 되지!'라는 마음으로 살던 시절이 있었다. 하지만 이젠 좀 다르다. 여러모로 기질은 잘 바뀌지 않고, 더욱이 스트레스 상황에선 나를 더 확 잡아끄는 힘이 강력하다. 그렇다면 안 되는 방향으로 굳이 자신을 닦달하며 용쓰느니 되는 방향으로 자신도 즐겁게 가는 게 낫다. 왜? 과

정도 중요하지만 결과도 못잖게 중요하므로. 즐겁게 가야 오래가고, 그래야 좋은 결과가 나온다는 말이다. '과정만 좋으면 됐다'라는 얘기는 초딩들한테까지나 통할 말이다.

남을 탓하는가, 나를 탓하는가
'투사와 직면'에 관하여

　40대 여성 B. 옮긴 부서에서 업무 적응이 잘 안되고 인정을 못 받아 울적하다며 상담실을 찾았다. 대화를 나눌수록 은근히 피곤하고 밉게 느껴지는 면이 있어 왜 그런가 하고 봤더니 그가 쉽게 입에 올리는 '남 탓' 때문이었다.

　예를 들자면 이런 식이다. 회사에서 제품을 구매하는 과정에서 섣부르게 자의적인 판단을 한 탓에 중요한 결재 과정을 누락한 그는, 관련 부서 담당자 C로부터 각각의 상사가 함께 있는 메신저 방에서 그에 대한 지적을 당했다. 마음이 상한 B는 "아니, 저한테만 얘기하면 되잖아요. 근데 그걸 굳이 거기서 이야기하는 건 너무 치사하지 않나요?"라고 말하며, 그 일로 상사에게 불려 가 꾸중을 듣게 됐다면서 또 이렇게 덧붙였다.

"그런데요, 이 상사가 문제가 무엇인가 하면 너무 워커홀릭이란 거예요. 그러니까 다른 사람들이 못 따라주는 걸 이해를 못하는 거죠. 이게 저만 그러는 게 아니라 다른 부서원들도 다들 그렇게 생각하고 있어요. 제가 여기 온 지 6개월가량 되었는데요, 지금껏 뭘 제대로 배운 게 없어요. 일주일 정도 차근차근 가르쳐줘도 모자랄 판에 해보면서 배우라는 식으로 일을 던져주니 회사가 문제가 많은 것 아닐까요?"

그럼 회사 밖에서의 그는 어떤가. 엊그제 주말, B는 가족과 마트를 다녀오다 교통사고가 날 뻔했다. 신호 대기 중 좌회전 차선을 잘못 이해해 2차선에 서 있다가 뒤늦게 알아채곤 1차선으로 급하게 끼어들었다. 당연히 1차선으로 속도를 내 들어오던 뒤차는 아슬아슬 급정거를 하게 됐고, 잔뜩 화가 난 운전자는 클랙슨을 울려댄 걸로도 성에 차지 않았는지 차를 박차고 나와서는 B에게 항의를 하고 돌아갔단다. 민망하기도 했지만 덩치도 엄청 큰 남성이 삿대질까지 하며 비난해 오니 무섭기도 했던 B. 그리고 이어지는 말.

"아니, 앞차와 간격을 유지하게 천천히 들어와야지 그렇게 속도를 내 들어오면 안 되잖아요. 근데 더 화나는 건요, 그렇게 남자가 저한테 뭐라고 하면 남편이란 사람이 제 편도 좀 들어주고 막아줘야 할 텐데 정말 우리 집 남편이란 작자는 꿈쩍도 안 하고 가만히만 있는 거예요. 살면서 내내 그런 식이었어요, 내내! 이전엔 또 어떤 일이 있었냐면요!"

그러니 어떻겠는가. 그런 모습이 상담실에서도 드러나지 않을 수 없다. 어느 날 상담 시간에 B가 오지 않았다. 10분가량 기다리다 사정이 생긴 거 같아 연락을 해보니 상담 시간을 잊었다며 지금이라도 오겠다고 했다. 짧게라도 상담을 하는 게 나을 거 같아 기다리고 있으니 헐레벌떡 들어온다. 그리고 자리에 앉자마자 B가 꺼낸 말. "선생님, 제가 늦었죠? 죄송해요. 근데 저한테 메신저 좀 일찍 주시지 그러셨어요. 그랬으면 바로 왔을 텐데요." 아휴, 얄미워.

문제가 생기면 늘 자기는 쏙 빠지고 남 탓으로 몰고 가는 B에게 주변인들이 느끼는 감정도 나와 비슷할 수밖에 없을 것이다. 얄밉고 불편하다. 그만큼 B가 바라는 인정은 더 요원해질 뿐이다. 그러니 반복되는 유사한 패턴의 에피소드들 마다에서 끈덕지게 물어봐야 한다. "그 문제들 속에서 당신은 어디 있나요?" 하고 말이다. 서운하고 민망하고 당황스러운 감정은 알겠지만.

사실 B의 사례를 들어 이야기해서 그렇지, 이렇게 어떤 문제가 생겼을 때 남을 탓하고 싶은 마음에서 완전히 자유로울 수 있는 사람은 없을지도 모른다. 왜? 이것만큼 손쉬운 문제해결 방식은 없으니까. 이 방식엔 그저 입만 있으면 된다. 자신이 가진 부정적인 감정이나 문제를 인정하기 어려울 때 그것을 다른 사람에게 떠넘기는 '투사projection'야 말로 가장 손쉽게 이득을 얻을 수 있는 방법이다.

사실 자신의 미성숙한 꼴을 제 눈으로 확인하고 제 입으로 인정한 뒤 제 손발로 고쳐나가는 것, 소위 '직면confrontation'만큼 아프고 어렵고 더딘 일도 없다. 그래서 가장 쉬운 '투사'라는 방법을 통해 빠져나가는 것이다. 자신이 운전을 잘못해 놓고선 뒷사람이 화를 내고, 옆 사람은 무심했다 탓하고, 자신이 제대로 일 처리를 안 해놓고선 그들이 공개적으로 면박 주었다는 과정만 잡고 늘어진다. 내가 잘못한 걸 인정하는 건 어렵지만 남 탓하는 건 쉬우니 쉬운 길로 가는 거다.

그렇지만 이게 반복되면? 정작 문제는 해결되지 않고 늘 되풀이될 뿐이다. 나는 잘못한 거 없이 남들이 늘 잘못하니 내가 할 수 있는 건 점점 없어진다. 내 세상은 늘 그들 때문에 이상해지고 불만족스러운 일들로 가득 차게 되는 것이다. 결국 내 음악은 늘 피해자의 단조로 우울하기 짝이 없다. 그러니 내 음악이 지금보다 장조로 더 밝고 활기차게 울리길 바란다면, 반복적인 투사의 도돌이표는 그만 사용하고, 피네(음표 중 끝마침 기호)를 써야 한다. 내 잘못은 무엇인지, 내가 정말 바라는 것

혹은 두려워하는 것은 무엇인지, 나는 뭘 피하고 싶은 건지 등등 내 꼴을 먼저 제대로 보면서 '나'라는 악보를 새로 써내야 하는 거다.

아, 여기서 잠깐! 무조건 '내 탓'이라고 여기는 것도 방향만 다를 뿐 남 탓 못지않게 손쉬운 방법을 택하려는 것일 수 있다. 문제 해결에는 힘이든, 시간이든, 돈이든 합당한 품이 들게 마련이다. 그리고 그 과정에는 필연적으로 타인과의 접촉이나 갈등, 기존과 다른 변화나 시도 등 오롯이 내가 감당해야 할 것들도 생기기 마련이다.

그런데 그게 좀 버겁다. '그저 못난 나' 내지는 '원래 그런 나'로 뒷걸음쳐 자신 탓으로 숨어버리는 것이 차라리 쉽다. 안전하게 여겨지고, 얼핏 자신이 성숙하다는 착각도 할 수 있기 때문이다. 그렇지만 이러니저러니 해도 이 역시 문제를 계속 껴안는 도돌이표인 것은 마찬가지. 역시 퍼네를 쓸 때다.

{ 내가 누굴 싫어하는가를 분명히 아는 것 }
'부정적 전이'에 관하여

엊그제 친구와 이야기를 나누는데, 자긴 여러모로 제 역할을 잘 못하는 사람을 싫어하는 거 같다고 했다. 리더면 리더, 부모면 부모, 배우자면 배우자, 각자 해야 할 기본 역할이란 게 있는데 그걸 제대로 안 하는 사람을 보면 너무 밉다는 것이다. 그 말을 듣고 곰곰이 생각해 보니 나도 특히나 꺼려지는 유형이 있다. 말만 너무 많고 엉덩이는 무거운, 게으른 사람이 그렇다. 일단 말이 지나치게 많으면 기가 쏙쏙 빨린다. 거기에 그가 게으르기까지 하면? 십중팔구 빈 수레인 경우가 많다. 그러니 신뢰가 잘 가지 않는다.

이렇게 누군가 유독 싫은 마음을 파고들면 보통은 그럴 만한 근원을 찾을 수 있다. 그 친구에겐 가장으로서 제 역할을 못해 엄마를 고생시킨 아빠에 대한 원망이 있었다. 나에겐 한번 감정이 복받치면 너무 많은 이야기를 쏟아내곤 했던 엄마에 대한 피곤함이 있다. 과거에 경험한 부정적인 감정이 현재의 관계에서 되풀이되는 것. 소위 '부정적 전이negative transference'라고 정의되는 현상이다.

다들 있을 거다. 유독 밉게 느껴지는 누군가. 그리고 잘 파고들면 그 누군가와 유사한 특성으로 연결되는 과거의 중요한 사람을 찾을 수 있다. 상담을 하며 이런 식으로 한 번쯤 생각을 정리해 보라고 권한다. 예쁜 사람도 아니고 굳이 미운 사람에 대해서 왜 그래야 하냐고? 누군가를 미워할 때 상당히 많은 에너지가 들어가기 때문이다. 그러니 그 소모적인 분출을 막고 좀 더 유용한 데 쓰려면 일단 원인을 알아야 하지 않을까.

20대 여성 F. 입사 2년 차인 그는 몇 달 전 부서 막내로 들어온 신입사원 D가 영 눈엣가시다. 일은 안 하면서 수시로 선배들을 찾아가 예쁨을 받으려고 아양이나 떤다는 거였다. 하지만 상담이 진행될수록 드러나는 실상은 좀 달랐다. D는 싹싹한 성격의 소유자로 선배들에게 먼저 다가가 모르는 걸 물으며 일을 파악해 가는, 한마디로 사교적이면서도 적응력이 뛰어난 사람이었던 것.

D에 대한 F의 이런 미움의 끝에는 한 살 어린 여동생과 늘

비교 당해온 F의 어린 시절이 있었다. 뭐든 그냥 묵묵히 하는 자신과 달리, 애교 많은 동생은 요령도 좋아 어디에서든 그 존재가 두드러졌고 어른들의 예쁨을 독차지했다. 그러니 지금 F가 D를 보는 마음이 어떻겠는가. 자연스레 어린 시절이 오버랩 될 뿐 아니라 조직 생활에서 유발되는 질투까지 얹어지니, 사사건건 D의 언행이 거슬릴 수밖에.

D가 매사에 걸리적거리는 통에, 아니 F가 D의 매사에 신경을 곤두세우고 있는 통에 업무 집중력이 떨어지며 그것에서 비롯된 손해도 고스란히 F의 몫이 되어 버린 거다. F는 여기까지 이해한 뒤에야 D에 대한 인색한 눈빛을 살짝 누그러뜨릴 수 있게 됐다. 갑자기 D가 예쁘게 보이고 좋아졌단 게 아니다. 여전히 D가 밉지만, 자신도 모르게 지나친 뾰족함이 발견되면 그 과잉을 인정하고 객관적으로 생각하고자 하며 감정을 조절하게 된 거다.

내가 누굴 싫어하는가를 분명히 아는 것은 더 나아가, 자신을 보호할 때 특히 도움이 된다. 결론부터 말하자면, 지금 내가 심신이 지치고 힘든 상태라면 우선 싫어하는 사람으로부터 멀찍이 떨어져야 한다.

30대 여성 B. 정을 중요하게 여기고 소심한 성격의 그녀는 원칙적인 데다 직설적으로 말하는 스타일인 관리자와 트러블이 잦았고, 그때마다 동료 C에게 술 한잔을 청하며 위로를 구하곤 했다. 그런데 번번이 다음 날이면 오히려 상처를 입은 채 상담실로 찾아오는 것이었다. 알고 보니 C 역시 관리자 못지않게 원칙적인 데다 팩폭 위주의 대화법을 가진 사람이었던 것이다. B는 C에 대한 원망을 토로했지만 사실 누굴 탓하겠는가. C는 본래 그런 사람이었을 뿐인데 말이다.

   B는 몇 번의 반복 경험을 통해 자신의 관리자나 C가 어릴 적 엄격하기만 했던 엄마와 유사하다는 점을 발견했다. 특히나 C를 향해선 '그래도 함께 지내온 세월이 있는데 나에게만은 달리 대해줄 수도 있지 않을까?' 하는 헛된 기대도 가지고 있었다는 것을 인정하게 됐다. 얼마 후 C는 관리자와의 접촉이 덜한 업무로 변경을 했고, 속상한 일이 생겼을 땐 차라리 집에 들어가 예능프로그램을 보거나 무조건 자기편을 들어주는 고교 친구 M을 만나 회포를 푸는 방식을 택하게 되었다.

   지금의 나에게 필요한 사람이 누구이고 그렇지 않은 사람이 누구인가를 안다는 것. 어렵게 말하자면 나에게 부정적 혹은 긍정적 전이를 일으키는 사람이 누구인지를 안다는 것이고, 쉽게 말하자면 누군가와 이야기를 나누면 마음이 편해지고 위로가 되는 반면, 누군가와 이야기를 나누면 더 화딱지가 나고 되레 기분이 나빠지는지를 분명히 안다는 것과도 같다.

그러니 상대해 봤자 화딱지만 더 날 것 같은 대상이 하필이면 지금의 내게는 엄마나 아빠, 아내나 남편, 직장 동료, 아니면 지 방 문 쾅 닫고 들어가 버린 자식놈이라면? 그의 그런 모든 작태에 눈 질끈 감고 입도 딱 닫고, 그냥 쌩까버리는 나의 못돼먹음을 허하자. 괜히 부정적 전이 감정에 휩싸여 미운 감정이 삐져 나가 본전도 못 찾거나 사태를 더 악화시키기 전에 말이다.

{ 나는 언제 나의 능력을 최고로 발휘할까? }
'심리적 환경'에 관하여

 심리 상담을 해 온 지 곧 20년이 된다. 어릴 적 뭣 모르던 시절엔 이 정도로 한 우물을 파면 '구루^{guru}'가 되고도 남을 것 같았는데 웬걸, 여전히 부족하고 할수록 어렵다는 말을 하게 되는 상담자일 뿐이다. 여기에 최근 들어 생긴 '작가'란 새로운 호칭의 영역에선 더욱이 완전 초보자이니 아직도 두루 가야 할 길이 멀다.

 내담자와 상담을 할 때도 '늘'이 아니고, '특히' 집중이 잘 되는 때가 있는지라 그런 '특히'를 의식적으로 만들고자 노력을 해줘야 하는데, 보통 전날 잠도 잘 잤고 피곤이 느껴지지 않는 아침 시간대가 그렇다. 반대로 말하면 피곤하거나 점점 피곤이 쌓이는 오후 시간대로 갈수록 집중력이 흐트러진다는 것이다. 그래서 나름 생긴 요령이, 내담자와 만나 고도의 집중을 해야 하는 상담은 주로 오전 시간에, 기타 강의나 프로그램 준비와 같은 사무 작업은 오후 시간에 배치하는 거다.

작가로서 글을 쓰거나 읽는 것 혹은 중요한 답장을 보내야 할 때 등 내가 좀 더 명징한 정신으로 작업을 하거나 의사결정하고 싶은 것들은 주로 동이 트기 전, 그러니까 마치 세상에 나 혼자 있는 듯한 착각을 하게 되는 고요한 때 하는 편이다. 경험상 집중력이 최고로 발휘되는 시간은 2시간 정도다. 뭔가를 열심히 했다는 느낌이 든 뒤 시간을 보면 어김없이 그 정도 지나 있다. 그럼 잠깐 간식도 먹고 다른 것에 참견도 하면서 쉰다.

대체로 회사에서는 새로운 시도를 해볼 수 있는 자율성이 주어질 때, 일단 장場이 펼쳐지면 알아서 하게 내버려둘 때 좀 더 잘하는 편이라고 할까. 일일이 보고를 해야 하거나 모두가 합을 맞춰야 하는 방식을 썩 좋아하진 않는 편이라 혼자 독방에 떨어뜨려 놓아도 잘 지내는 편이다. 내 동료는 나와 같은 조건일 때 조금은 외롭고 논의할 상대가 없어 일할 맛이 덜하다는데, 나와는 정반대인 셈이다.

이렇게 구구절절 나의 일 또는 작업하는 방식을 늘어놓은 이유는, 읽어보면서 '나는 어떻지?'라는 질문을 자연스레 떠올리길 바라는 마음에서다. 나는 혼자 일하는 게 나은가, 아니면

같이 일하는 게 더 나은가. 누가 구체적인 지시를 해주고 알려주는 게 나은가, 아니면 자신의 생각을 자유롭게 펼쳐보는 게 더 나은가. 시간대는 어떤가. 아침, 오후, 저녁? 혹은 집중의 시간은 30분? 1시간? 반나절도 거뜬? 등등.

자신이 가진 능력을 제대로 발휘하기 위해서는 자신에게 맞는 조건이 무엇인지 아는 것도 중요하고, 일의 맥락을 잘 파악하는 능력 또한 너무나 필요하다. 잘 모른 채로 무턱대고 열심히 하면 된다거나, 그런 것도 다 극복해야지 하면서 밀어붙이는 건 상당히 미련한 짓이고 자신에게 미안해야 할 일이다. 그만큼 안 될 일, 혹은 더 어려울 일에 자신의 에너지를 막 쓰는 거고 못 한다고 들들 볶는 것이니까.

결국 이 모든 것은 자신이 가장 편안하고, 그러면서 자기로서 또렷하게 존재할 때가 언제인지를 아는 것으로부터 시작한다. 거기엔 기질, 성격, 욕구나 흥미, 대인관계 스타일, 업무 스타일, 소통 방식, 주변에 대한 기대나 바람 등등 모든 것이 포함된다. 내가 나 자신의 써포터가 되어 그럴만한 '심리적 환경 psychological environment'을 갖춰주는 거다. 마치 아이가 공부할 때 부모가 TV도 끄고 장난감도 치우고 때맞춰 간식도 넣어주듯, 썸 타는 이성을 만날 때 연애 고수로부터 데이트 코스나 대화 스킬에 대한 코칭을 받듯.

여전히 잘 모르겠다면? 그럴 때 써먹으라고 심리학이 있는 것이다. 자신을 둘러싼 심리적 환경을 탐색하고 확인하는 데 유용한 심리검사들이 대단히 많다. 혹시 몇 년 동안 줄기차게 회자되고 있는 MBTI가 흥미로우셨는가? 그건 그저 일부일 뿐이다. 좀 더 탐색의 문을 활짝 열어보자. 거기에 내가 있다. 더 잘할 수 있는, 더 잘 지낼 수 있는 내가 보일 것이다.

일상에서 나를 돌봅니다

내 감정은
내가 처리한다

　　　　　　내가 정의하는 어른이란 한마디로
'자기 똥은 자기가 치우는 사람'이다. 애처럼 엄마가 대신 닦아
주고 치워주던 시절은 지난 지 오래다. 누가 봐도 엄연한 성인
이니 다른 사람에게 내 똥 좀 어떻게 해달라고 궁둥이 깔 수도
없는 노릇이다. 아니, 그렇게 해서도 안 된다. 잘은 몰라도 최소
풍기문란죄나 경범죄, 아니면 성희롱으로 신고당하지 않으려
면!

　문제는 이렇게 엄연한 범죄 행위를 제법 많은 어른들이 일
상에서 저지른다는 데 있다. 사실 이 글을 쓰며 잘난 척하고 있
는 나조차도 가끔 그런다. 진짜냐고? 진짜다. 여기서 '내 똥'을
내 생각, 내 감정, 내 행동, 내 시간, 내 하루, 그러니까 통틀어
'나'로 바꾸면 된다. 제법 찔리는 구석이 많다. 어떤가, 당신은
최근 일주일 사이 이 중 어느 하나라도 남의 손에 맡기려 한 적
은 없었는가?

누가 내게 괜찮은 어른이 되고자 하는 데 가장 큰 장애물이 뭔지 딱 하나 대라고 하면 단연코 난 이렇게 답할 수 있다. 내 똥을 남이 치워줬으면 하는 심보라고. 내 마음을 다른 사람이 알아주고 해결해 주기를 바라는 것이 문제라고. 이를테면 내가 뭣 때문에 서운한지 말하지 않아도 어련히 알아주고('그걸 꼭 말을 해야 알아?'라고까지 들먹이며), 더 나아가 기분이 다시 좋아질 수 있도록 해주길 바라는 것('어디 네가 어떻게 하나 두고 보자!'라는 결심까지 하면서). 혹은 누구 때문에 화가 난 감정을 신줏단지 모시듯 가슴에 품은 채 온종일 인상 쓰고 보내놓고선 그로 인해 내 하루가 망가졌다고 탓하는 것. 그렇게 내 생각, 내 감정, 내 행동, 내 시간, 내 하루, 통틀어 나를 남의 손에 맡겨 놓고서는 그 남이 '해줬네 안 해줬네, 했는데 제대로 못 해줬네'에 따라 그저 좌지우지되는 거다. 여전히 내 궁둥이에서 냄새가 난다고, 지저분하다고 찝찝해하거나 툴툴대면서 말이다. 더 이상 애도 아니면서.

우린 너무 쉽게 자신을 남에게 맡긴다. 돈은 몇 푼일지언정 소수점까지 이율을 꼼꼼히 따져가며 은행을 고르고 상품을 챙겨보면서. 차 키는 하루든 이틀이든 절대 남에게 주지 않고, 줘야 하는 경우엔 보험까지 알뜰히 들면서 말이다. 정작 나라는 존재, 즉 내 감정, 생각, 행동, 그리고 그것들의 총합인 나의 시간과 하루는 너무 쉽게 남에게 맡겨 버리는 경향이 있다. 하물며 그 남이 흔쾌히 '그러마!' 했는지 안 했는지도 모른 채 내 멋대로 그래 놓고선, 제대로 못 한다고 화도 내면서 말이다. 그가 내 엄마도 아닌데(그러고 보면 엄마는 무슨 죄?), 그가 내 상담자도 아닌데 말이다.

그러니 지금보다 좀 더 괜찮은 어른, 성숙한 사람이 되고 싶다면 어떡해야 할까? 딴 거 없다. 복잡해할 것도 없다. 그냥 원래부터 내 것인 걸 내가 잘 챙기기만 하면 된다. 내가 서운하면 서운했노라 말하고, 그걸 감당하기 어렵다면 다른 방식으로 그 서운함을 풀어 보면 된다. 그에게 화가 났더라도 그건 내 생활의 일부일 뿐 잠시 접어두자 결심하고, 나의 다른 일상은 기분 좋게 보내보면 된다. 그렇게 나의 감정이나 하루를 남의 손에 맡기지 않고 내 손에 올려놓고 내가 처리하는 거다. 내가 원하는 걸 제때, 가장 정확히 해줄 수 있는 사람은 바로 나니까, 더 잘 알아채 주고 살살 달래줘 가면서 말이다.

{ 탁, 치고 넘어가기 }
불안을 돌보는 방법에 관하여

 친한 대학원 선후배 모임에서 단골로 나오는 케케묵은 얘기가 하나 있다. 후배 녀석이 날 놀리기 위해 끄집어내는 얘기다. 내가 대학원 4학기 때 1학기를 시작한 후배는 나와 비슷하게 직장 생활을 몇 해 하고 입학했다. 학부를 마치고 바로 시작하는 친구들도 많은데 그보다 늦은 나이에 시작했다는 조급함, 거기에 원체 걱정 많은 기질이 더해지니 왜 불안하지 않았겠는가. 그래도 학부에서부터 연이 있던 선배라고 내게 물었던 모양이다. "선배, 저는 앞으로 뭐 해 먹고 살 수 있을까요?" 나는 이렇게 대답했다는 거다. 그것도 단박에. "야, 공부나 해!"
 요샛말로 쌈T(MBTI 성격유형검사에서 T(사고형)가 극도로 강한 이를 일컫는 말)네, 야박스럽네, 역시 너답네 어쩌네…, 그렇게 한참을 자기들끼리 아주 신이 나서 맞장구를 치며 깔깔깔 놀려댄 게 미안해서인지 그래도 늘 끝은 훈훈하게 마무리되는데, 그건 그 후배 녀석의 몫이다. "그래도 그때 선배의 그 말이 참 도움이 됐어요. 뭔가 머리를 탁 쳤달까? 아 그치, 지금 진로 고민 해 봐야 뭐 하나, 난 이제 입학했는데 공부나 해야지. 맞는 말이네. 그래서 그 말 듣고 과제나 하자, 이러면서 도서관으로 바로 갔잖아요." 이런 귀여운 것.

사실 기억도 잘 나지 않는 이 얘길 남 얘기 듣듯 듣다 보면 나조차도 '뭐 이런 차가운 상담자가 다 있나?' 싶어져서, '으이구. 오죽 불안했으면 그랬을까, 좀 따스하게 공감도 해주고 다들 잘 되더라 하고 안심도 시켜줄 것이지, 뭐 그리 딱 잘라 얘기했누?' 하며 살짝 미안한 마음도 든다. 하지만 그런 마음은 오래 가진 않는다. 끝내는 "거봐, 당사자가 도움이 됐다잖아. 게다가 말이야 맞는 말이지! 다시 그때로 돌아가더라도—표현이나 방식은 달랐을지언정—결국 또 그리 말했을 것 같은데?"라며 당당하게 응수한다. 잘난 척, 어깨까지 으쓱하며 말이다. 왜? 불안은 공감보다는 행동으로 이길 수 있는 법이니까.

'행동화$^{acting\ out}$'라는 게 있다. 고통스러운 감정을 행동으로 표출하는 감정 해소 방법을 의미한다. 소리를 지르거나 무언가를 때려 부수는 식의 부정적인 행동화도 있지만, 운동이나 청소 등의 긍정적인 행동화도 있다. 이런 긍정적인 행동화는 불안을 줄이는 데 아주 효과적이다. 실제로 연주 불안을 가지고 있는 음대생들에게 자신의 목소리를 가지고 즉흥적으로 선율을 만들어 불러보게 하는 프로그램을 실시한 결과, 상태불안, 즉 지금의 상황에 대한 과각성過覺醒, 긴장 등의 불안한 반응이 뚜렷하게 줄어들었다.[3] 그러고 보면 우리도 경험해 본 적 있지 않은가? 뭔가 막 불안해 안절부절못할 때 차라리 몸을 움직여 산책이라도 하고 나면 좀 나아졌던 적이. 혹은 급한 일이 생겨 울며 겨자 먹기로 그걸 처리하다 보니 어느샌가 차분해졌던 적도.

불안하다고? 누군가에게 구구절절 내 맘 이야기하고 공감받는 것도 물론 좋다. 하지만 그 누군가가 늘 옆에 있을 순 없고, 있다 한들 내 맘 그대로 공감해 주지 않을 수도 있다. 그리고 공감받았다 한들 불안은 여전히 내 심장 어딘가에서 팔딱팔딱 뛰어댈 때도 많다. 그러니 불안하다고? 그렇다면 그냥 탁, 치고 일어나 지금 당장 할 수 있는 행동을 하는 게 백번 천번 낫다. 설령 계속 불안할지언정 그걸 끼고서라도 행동한 결과는 내 뒤에 남아 자신감이라는 바통이 되니까 말이다. 그리고 그 바통을 이어받은 나는 비로소 에이스 주자가 되어 불안을 따돌리고 나만의 레이스를 펼칠 수 있을 것이다.

{ 상상력 발휘하기 }
습관을 돌보는 방법에 관하여

 운동량을 좀 늘려야겠다 싶어 계단 오르기를 시작한 지 몇 달 됐다. 우리 집은 8층인데, 지하 2층부터 올라가면 10층이 된다. 처음엔 10층부터 시작했다. 그리고 꼭대기 층까지 가면 25층이다. 25층을 오르다가 두 번씩 50층, 세 번씩 75층이 됐다. 그러다 요즘에는 네 번씩 오르며 100층을 채우기도 한다. 일주일에 적어도 3번 이상, 50층은 오른 지 석 달은 넘었으니 이 정도면 습관이라 할 만하겠다. 아, 물론 내려올 때는 엘리베이터를 이용한다. 내 무릎은 소중하니까.
 다른 운동보다 짧은 시간을 들이는데도 체력을 기르고 뱃살을 빼는 데는 효과가 더 좋은 거 같아 계속하고 있는데, 주변에서는 지속력이 궁금한 모양이다. 그래서 요령이 뭔지를 물어오는 이들이 있다. 뭘까? 답을 찾다 보니 피곤했던 어제의 퇴근길이 떠올랐다. 지하 2층 주차장 엘리베이터 앞에서 나는 잠시 갈등하고 있었다. '아, 오늘은 너무 피곤한데 그냥 엘리베이터 타고 갈까?' 그러다가 잠시 후 잽싸게 생각을 바꿨다. '아냐, 이 엘리베이터는 고장 났어. 어쩔 수 없이 계단으로 가야 해.'

맞다. 나라고 계단 오르기가 즐겁겠는가. 계단 오르기보다는 한시라도 빨리 집에 가 소파에 드러누워 좋아하는 예능 프로그램을 보며 깔깔 웃는 게 훨씬 즐겁지. 그럼에도 계단은 올라야 하고 그럴 때 습관을 만들기 위해 내가 자주 써먹는 방법은 엘리베이터가 고장 났다고 생각해 버리는 것이다. 그렇게 일단 한 층을 오르게 되면 이제 다른 생각으로 나를 속인다. '지금 나는 일출을 보려고 지리산 등반을 하고 있어. 게다가 이젠 뒤로 가지도 못해. 봐, 구름이 조금씩 밝아지고 있어. 이제 조금만 더 가면 일출을 볼 수 있는 정상이야.'

유치하게 들릴 수도 있겠지만 이런 식의 뇌 속이기는 꽤 효과적이다. 사람의 뇌는 의외로 단순해서 상상을 현실로 받아들이기 때문이다. 억지로 미소 짓는 행위만으로도 기분이 전환되는 것 역시 같은 원리이다. 그래서 운동, 다이어트, 학습 등의 행동 교정에 이런 뇌 속임법이 많이 활용된다. 그러니 습관을 만들고자 한다면 상상력을 마구 발휘해 주는 것이 좋다.

습관을 들인 나의 모습이나 보상에 대한 상상도 좋지만, (내가 한 것처럼) 그 행동을 해야 하는 상황 자체에 대한 상상력을 발휘하는 것도 추천하고 싶다. 보통 할까 말까 망설이는 때가 가장 갈등이 심하니 말이다. 지금 뛸까 말까 망설이고 있는 상황이라면? '내 발엔 뛸 수밖에 없는 모터가 달려있어서 걸으면 고장이 난다'고 상상해 버리는 것이다. 지금 눈앞에 놓인 음식을 천천히 먹고자 한다면? '20번은 씹어야 목 넘김이 가능한 마법에 걸렸다'고 상상해 버리는 것이다.

《해빗Hbbit》의 저자 웬디 우드는 습관에는 '시작'보다 '지속'이, '탁월함'보다 '꾸준함'이 더 중요하다면서 자신의 의지력을 믿지 말고 주변 상황을 제어하라고 강조한다. 쉽게 말해 과자를 사두고 '먹지 말아야지!' 이렇게 의지를 내려 하지 말고, 아예 과자를 사지 않거나 눈에서 치워버리라는 것이다. 왜? 인간은 생각보다 의지가 박약하고, 상황에 영향을 많이 받기 때문이다.

그러니 원하는 습관이 있다면, 그걸 지금 해야 하는데 몸은 영 배배 꼬이고 하기 싫은 이유를 백 만가지는 대고 싶다면, 공상 과학자가 된 것처럼, 시나리오 작가가 된 것처럼 상상력을 발휘해 보자. 얼토당토않고 유치찬란하면 좀 어떤가. 그 상상력으로 나의 습관은 조금이나마 더 견고해질 텐데 말이다.

{ 작은 것부터 다시 시작하기 }
실패를 돌봐주는 방법에 관하여

 40대 들어 그다지 반갑지 않은 불청객 둘을 맞이했다. 고지혈증과 이석증이 그것이다. 고지혈증은 약을 먹는다 치더라도, 이석증은 딱히 약도 없고 불시에 재발이 돼 사람을 괴롭힌다. 그래서 그 고약스러움이 더 컸다. 아, 근데 이것이 좀 잠잠하다 싶었는데 최근 서너 번이나 재발이 되어 사람을 괴롭히니, 어쩔 수 없이 수를 낸 것이 바로 식단 조절이다. 이석증 관리법에 스트레스 관리와 운동, 그리고 식단 조절이 빠지지 않았기 때문이다. 고지혈증 역시 음식이 중요하다 하니, 이것들을 몽땅 내쫓으려면 식단을 조절하는 수밖에.

 그래서 시작한 게 디저트류 끊기였다. 고백하자면 그동안 정신 건강에 좋단 이유로 입엔 달고 몸엔 쓴 간식을 알뜰히 끼고 살긴 했다. 그 왜 있잖은가, 한입에 쏙 넣으면 기분까지 좋아지는 달달한 초콜릿, 버터 향 가득한 스콘이나 치즈를 잔뜩 품은 케이크, 나날이 진화해 가며 다양한 맛의 향연으로 이끄는 과자들에 이르기까지. 이 사랑스러운 것들을 멀리해야 한다니 급 울적해졌지만 어쩌겠는가, 불청객들이 가장 좋아하는 반찬이라니 일단 그것부터 바꿔봐야지.

굳은 결심으로 초콜릿이 당길 때는 바나나, 빵이 먹고 싶을 때는 고구마, 과자가 먹고 싶을 때는 견과류로 달래며 한 달을 지내봤다. 습관적으로 먹곤 했던 디저트만이라도 생활에서 걷어내 본 것이다. 그러고는 다시 고지혈증 검사를 해보니 제법 수치가 떨어졌다. 이석증은 그사이 한 번 더 재발했지만 이건 '뭘 하든 안 하든 재발할 수 있다'라며 마음을 덤덤히 먹자 바꾼 터라, 고지혈증 수치 저하만으로도 꽤 고무적으로 여겨졌다. 안 그래도 자꾸 두터워지는 뱃살이 빠지는 것도 좋았고.

하지만 습관이란 게 어디 그리 쉽게 변할꼬. 굳은 결심이 슬슬 느슨해져서는, 어느 날에는 피곤하단 이유로 과자 한 봉지를 우걱우걱 먹고 또 어느 날에는 짜증 난단 이유로 초콜릿을 와구와구 집어 먹었다. 그렇게 한 번 디저트 폭식을 하고 나면 자연스레 후회와 자책이란 감정에 맞닥뜨리게 되는데, 문제는 그렇게 먹고 나서는 기분이 나락으로 떨어지면서 '에이, 오늘

망했어!' 하며 과자 한 봉지를 더 뜯는다는 거다. 어쩌다 한번 그럴 수도 있는 건데 너무 극단적으로 치닫는 것이다. 소위 '비합리적 신념irrational belief', 즉 하나의 실패를 전체로 확장시켜버리는 '과잉 일반화', 성공 아니면 실패 식의 '이분법적 사고'에 풍덩 빠져버리는 거다.

어제도 그런 날이었다. 종일 바빴던 하루, 매운 게 당겨 매운 갈비찜으로 저녁을 양껏 먹고 나니 달달하고 시원한 게 당겨 초콜릿 범벅 아이스크림으로 입가심도 했다. '에라, 모르겠다. 오늘은 망했네, 망했어' 하면서 끝내 오징어도 노릇하게 구워 마요네즈에 푹푹 찍어 먹었다. 갈비찜, 아이스크림, 오징어, 마요네즈, 이 모두는 고지혈증과 이석증엔 피해야 할 것들이다. 그렇게 먹고 나니 소화가 되지 않아 밤새 고생도 했다. 그러니 아침에 일어나 기분이 어땠겠는가. 천근만근 무거운 몸은 덤이었다.

잠시 나 자신을 바라본다. 왜 그랬을까라는 후회, 미련하다는 자책이 표정에 가득하다. 어쨌든 얘네들을 몽땅 데리고 내 방으로 간다. 그리고 잠시 요가 매트를 쏘아본다. 밤새 뻐근해진 몸을 10~20분 간단한 스트레칭으로 풀어주는 아침 루틴을 실행해온 지도 몇 년 됐다. 하지만 이렇게 기분이 좋지 않을 때는 그 루틴의 시작도 쉽지 않다. '아, 귀찮다. 어제 이미 그렇게 망했는데 오늘 이거 좀 한들 뭐 달라지겠어? 이번 주는 텄어. 내가 그렇지 뭐. 하기 싫다' 등등. 내 손발을 잡는 비합리적 신념에 다시 한번 풍덩 빠지는 거다.

바로 그때, 물 밖으로 박차 오르듯 한숨 크게 쉬고는 분연히 요가 매트를 들고 있는 힘껏 촤락 펼친다. 그리고 속으로 외쳐본다. '아냐, 오늘 다시 시작하면 돼!' 그리곤 나를 살살 꼬셔도 본다. '딱 5분만 하자, 힘들면 그때 그만두면 돼'. 그렇게 일단 시작하면 억지로라도 해보려던 5분이 나머지 5분을 더 끌고 온다. 그럼 그 5분이 다시 5분을 더 끌고 와서 원래의 루틴을 회복시킨다. 그렇게 요가를 끝내고 나면 한결 몸은 가벼워지고 '해냈다'는 작은 성취감도 들어온다. 마무리하는 큰 호흡 세 번. 마시는 숨에 '잘했어', 내쉬는 숨에 '오늘 다시 하면 돼'. 마시는 숨에 '어제는 어제 꺼', 내쉬는 숨에 '오늘은 내 꺼', 마시는 숨에 '어젠 그냥 맛있게 먹은 거야', 내쉬는 숨에 '오늘은 건강하게 먹어보자'.

《걷는 사람, 하정우》라는 책을 펴낸 배우 하정우 씨도 걷기 싫을 때가 있지만 '피곤한데 빡세게 몇 만 보씩 걷자는 게 아니야. 일단 일어나서 러닝머신 위에 걸터앉아 볼까?', '이왕 이렇게 러닝머신까지 온 거 몇 걸음만 걸어볼까?' 이렇게 작은 것부터 해보자고 스스로를 살살 달래가며 한 걸음을 뗀다고 한다. 이어지는 그의 글이 멋지다.

"이제는 그런 아침이면 나는 생각을 멈추고 일단 자리에서 일어나려고 한다. 몸이 무거운 것이 아니라 생각이 무거운 것임을 알고 있기 때문이다. 나를 조금씩 달래고 설득해 일단 누운 자리 밖으로 끌어낸다. 지친 내 몸을 소외시키고 다그치는 이런 얘기는 피로한 나에게 먹히지 않는다. 내 경험상으론 그보다는 단순한 행동과 결심이 훨씬 더 힘이 세다. 일단 몸을 일으키는 것, 다리를 뻗어 한 발만 내디뎌보는 것."

어제 무언가에 실패했다고? 괜찮다. 오늘 다시 시작하면 된다. 실패한 나는 어제의 나에게 던져 버리고, 오늘의 나에게 다시 기회를 주는 거다. 그러기 위해 필요한 것은? 해야 하는 그 무언가를 향해 일단 뻗어내 보는 내 손발, 그리고 '조금만 해보자, 하다 힘들면 그만하지 뭐' 하며, 마치 애인 대하듯 나를 살살 꾀어보는 애교 어린 생각이다. 이게 바로 '탄력성^{resilience}', 즉 실패나 좌절에도 회복할 수 있는 능력이다. 우리가 움켜쥐고 꾹 눌러야 하는 마음이라는 용수철의 실체인 것이다.

{ 그럴 만했고, 그만하면 됐고, 그럴 수도 있고 }
자신을 돌보는 방법에 관하여

상담실에서 다양한 내담자들을 만나게 된다. 그런데 희한하게도 그 모든 내담자들에게 공통적으로 하게 되는 말이 있다. 다름 아닌, "자기 좀 그만 못살게 구세요, 제발!"

정말 그렇다. 다들 어찌나 자신에게 못되게 구는지. 옆 사람, 아니 모르는 사람에게조차 그렇게나 친절하면서 말이다.

40대 초반 워킹맘 A. 최근 갑작스러운 사고로 친정 아빠를 떠나보내고, 일주일의 장례 일정을 마친 후 업무에 복귀한 지 한 달가량 되었다. A의 상실감은 상당했는데, 그도 그럴 것이 친정 아빠는 막내딸 A를 특별히 아꼈을 뿐 아니라 늘 무한대의 격려와 용기를 주는 대상이었고, A가 결혼한 후에도 지척에 거주하며 아이들 유치원 등하원이나 놀이 등의 육아도 많이 도와주었기 때문이다.

그러나 A는 이런 감정을 달랠 새도 없이 다시 업무 전선에 뛰어들었다. A가 속한 팀은 석 달 전부터 새로운 제품 개발 프로젝트로 야근은 기본, 주말 근무까지 일상이 되어버린 지 오래였기 때문이다. A는 그 프로젝트의 담당 실무자이자 팀에서 유일한 과장급으로, 위아래를 잇는 중간 관리자 역할을 하다 보니 일도 많을 수밖에 없었다. 동료들은 A에게 당분간은 무리하지 말고 천천히 업무에 참여하라며 배려를 해주었지만, 책임감과 성취감이 강한 A는 그리하기가 어려웠다. 오히려 바쁘게 지내니 슬픔도 잊혀지는 거 같아 일에 더 매달렸다.

결국 힘든 증상은 몸에서 먼저 나타났다. 등허리에 물집 같은 것들이 빨갛게 생기더니 가렵고 따가운 통증이 점점 심해졌다. 병원에서 내린 증상은 면역력 하락으로 인한 대상포진이었다. 간신히 약으로 달래고 있는 와중에 오늘 아침에는 중요한 발표를 앞두고 갑자기 숨이 가빠오고 가슴이 죄어오는 듯한 통증을 느껴 부랴부랴 상담실을 찾은 길이었다.

어떤가, 당신이 A를 만나게 됐다면? 비단 상담 전문가가 아니더라도 그냥 A의 이야기를 들은 한 사람의 입장에서라면 아마 이렇게 말하지 않았을까?

"아버지를 떠나보낸 지 얼마 되지 않았는데 너무 무리하신 거 같아요. 힘든 게 당연한데 좀 쉬면서 치료도 잘 받고 자신을 돌봐주는 게 좋지 않을까요?"

나라고 뭐 달랐을까. 하지만 A의 반응은 완강했다. 지금 같은 때 쉬는 것은 무책임한 행동이고 팀원들에게 민폐를 끼치기 싫단 거였다. 이야기 끝에 넌지시 물어봤다.

"A 씨, 지금 A 씨의 상황에 동료 누군가가 똑같이 처했다고 해보죠. 그럼 그에게 A 씨는 어떤 말을 해줄 것 같나요?"

잠시 생각하던 A는 말했다.

"저도 좀 쉬라고, 아니면 무리하지 말라고 얘기해줄 거 같아요."

"그러네요. 그럼 왜 A 씨 본인은 그렇게 하면 안 되나요?"

(침묵) "그러게요. 근데 다른 사람은 그래도, 왠지 전 그럼 안 될 거 같아요."

다른 사람에겐 한없이 친절하지만 정작 자기 자신에겐 너무 엄격하고 인색하게 구는 마음. 정신의학의 문요한은 이런 마음을 '자기 비난'이라 명명했다.[4] 이는 지나친 자기 몰두와 자책, 인정 강박 등이 특징이다. 그리고 이러한 '자기 비난' 대신 우리에게 필요한 것은 스스로의 몸과 마음을 돌보고 삶을 아름답게 가꾸어가는 '자기돌봄'이라고 강조한다. 어른이 되어서도 마치 어린아이 돌보듯 자기 자신을 친절하게 돌봐줘야 한다는 것이다. 고통은 삶의 일부이며, 우리는 모두 취약한 존재들이기 때문에.

A와의 상담은 '자기돌봄'의 방향으로 천천히 진행되었다. A로서는 내년 진급을 앞둔 터라 특히 중요한 지금의 프로젝트를 놓을 수 없었다. 결국 일은 하되 야근과 주말 근무를 줄이기로 했다. 일주일에 적어도 두 번 이상은 제때 퇴근해 대상포진 치료를 받으며 휴식을 취하고, 주말엔 아빠가 다니던 교회에 가서 추도하는 기도를 드리기로 했다. 그리고 A에게 자기돌봄의 다음 문장들을 기억하며 지내달라는 당부도 덧붙였다.

- 그럴 만했다.
- 그만하면 됐다.
- 그럴 수도 있지.
- 그러려니.

예를 들자면 이런 거다.

- '왜 이렇게 힘들지? 나만 이상한가?' 싶을 땐 '그럴 만하지, 당연해'
- '여전히 부족한 거 같은데 더 해야 되지 않을까?' 싶을 땐 '그만 하면 됐어'
- '이런 실수를 하다니!' 싶을 땐 '그럴 수도 있지'
- '나한테 왜 저러는 거야?' 싶을 땐 '그러려니'

어디서 많이 들어본, 아니 해본 말 아닌가? 맞다. 친구가, 가족이, 옆 동료가 힘들어하면 참 많이 하는 말들이다. 때론 그렇게 못하는 그들을 향한 답답함에 화도 내면서 말이다. 그런데 어떤가. 자신에게는 그렇게 해주고 있는가? 아니면 A처럼 당신도 '안 된다, 부족하다, 더 잘 해야 한다, 약한 소리 하지 마, 빨리 괜찮아져야지!' 하며 '엄근진'으로 닦달하고 있진 않은가.

언뜻 보면 자신을 미워해서 닦달하는 것처럼 여겨질 수 있지만, 사실 따지고 보면 이것도 자신을 너무 사랑해서다. 소위 '자기애自己愛'라고 하는 나르시시즘, 한 마디로 내가 잘 나고 특별하고 싶은 거다. 그리고 이런 나르시시즘은 어떤 누군가만 가지는 성격적 결함이 아니다. 정상적이고 보편적이며 자연스러운 인간의 성향이다.[5] 그래서 칼 융 또한 이렇게 말하지 않았겠는가.

"인간의 정신 구조 속에 '자기'라는 핵심 원형이 존재하며, 이는 개인의 성격과 정신의 조화와 통일을 관장한다. 나르시시즘은 이러한 자기 발견과 실현의 과정에서 중요한 역할을 한다."

하지만 뭐든 '적당히'가 중요하듯, 이러한 자기애도 적당해야 한다. 자기애가 과하면, 삶의 전반적인 부분에서 자기 자신에 초점을 맞추는 '자기초점적 사고 self-centeredness' 경향도 커지기 때문이다. 과도한 자기초점적 사고는 "자신의 이미지나 성취에 대한 과도한 집착을 가져와 필연적으로 스트레스, 불안, 우울을 높이게 되기 마련"이다.[6] 그러니 《나도 아직 나를 모른다》의 저자 허지원의 말을 새겨들을 만하다.

"자기 자신에게 자꾸 큰 의미를 부여하면서, 그렇게 점점 커진 삶의 의미, 혹은 삶의 의미가 부재한 자리를 감당하려 하지 마세요."

그러니 우리가 힘들 때면 불쑥 본능적으로 고개 드는 지나친 자기사랑, 내지는 자기비난은 그만 내려놓고, 친절한 자기돌봄으로 자신의 힘듦을 돌봐주자. 자기 좀 그만 못 살게 구고, 남들 대하듯 살갑게 말이다.

'그럴 만했다, 그만하면 됐다, 그럴 수도 있지, 그러려니'.

기역으로 시작하는, 입 밖으로 뱉으면 어쩐지 살짝 기분 좋은 김빠짐도 만들어내는 것 같은 이 말들을 기억하며.

{ 때론 실없는 농담으로 }
고통을 돌보는 방법에 관하여

 여기, 현대인의 질병을 얻어 능력을 잃어버린 초능력 가족이 있다. 예지몽을 꾸는 엄마는 불면증으로 더 이상 꿈을 꾸지 못하고, 좋았던 과거로 회귀할 수 있는 아들은 극심한 우울증에 타임슬립 할 때를 잊은 지 오래다. 하늘을 나는 딸은 고도비만으로 더 이상 뜨지 못하고, 눈으로 사람의 마음을 읽는 중학생 손녀는 왕따인지라 두꺼운 안경으로 아예 그 능력을 감췄다. 설정부터 너무 재미있지 않은가? 제아무리 초능력자라도 이 팍팍한 세상살이에 그 능력을 보존하며 세상을 구하기란 참 쉽지 않겠다며 공감도 간다.
 최근 폭 빠져 본 드라마 〈히어로는 아닙니다만〉에 관한 이야기다. 이 드라마의 압권은 능력을 잃어버린 히어로들이 평범한, 아니 사실은 이들을 등쳐먹을 계획이었던 사기꾼 여주인공의 거짓 돌봄과 사랑에 각성하면서 능력을 되찾는 과정에 있다. 물론 이 사기극조차 종내에는 서로를 구하고 '찐 가족'이 되는 참으로 훈훈한 결말을 맞는다. 암, 그렇고말고. 드라마는 모름지기 해피엔딩이 제맛이지.

'에이, 역시 드라마네' 하며 코웃음 치셨는가? 근데 꼭 그럴 것만은 아니다. 우리도 각자 살면서 맞닥뜨리게 되는 세상살이의 고통에 이런 드라마를 만들어낼 수 있다. 여주인공 못지않게 사기꾼이 되어 거짓 웃음과 행복을 만들어낼 수 있다. 그리고 끝내는 '찐 편안함'을 누리는 해피엔딩을 맞이할 수 있단 말이다.

그게 어떻게 가능하냐고? 바로 유머로 가능하다. '으응, 유머라고?' 맞다. 살짝 피식했을 뿐인데 지금의 맵디매운 고통이 딱 그만큼 싱거워지게 만드는 그 웃음. 그 웃음이 만들어 내는 '인지적 재구성cognitive restructuring'에 따라 나의 생각 각본을 달리 쓰다 보면, 억눌리고 숨겨졌던 나의 능력이 발휘되면서 그 고통을 통과하는 새로운 전개가 이루어진다.

유머의 긍정적 효과는 연구로도 많이 입증되어 왔다. 이를테면 웃음 유발을 통해 즐거운 기분과 행복감을 고취시키는 것이나, 행복한 사람일수록 유머를 즐겨 사용하며 삶을 긍정적으로 조망하려는 경향이 높다는 것이 연구 결과로 나와 있다.[7] 초등학생을 대상으로 '나는 기분이 나쁠 때 재밌는 생각을 한다'거나 '나는 친구들을 재밌게 해준다' 등의 적응적 유머 스타일을 익히게 하는 집단프로그램을 실시한 결과에서도, 이 프로그램에 참여한 초등학생들이 그렇지 않은 학생들보다 또래와 더 애착 관계를 잘 맺으며 학교생활을 즐겁게 하는 것으로 나타났다.[8] 어떤가. 자칫 유치하다고 여겨질 수 있는 유머가 주는 유익성이 제법 크지 않은가?

그래서 '히어로는 유머입니다만'이라는 나의 철학은 상담실에서도 이어지는데, 이를테면-변태 같아 보일지 모르겠지만-힘들어하는 내담자에게 안전한 수준에서의 실 없는 농담을 건넨다거나, 다음 상담 때까지 찾아서 보라며 예능 프로그램 또는 아재 개그를 들이밀어 보기도 하고, 하다못해 주변에 재미있는 친구가 있으면 전화 통화라도 하라고 등을 떠미는 식이다. 물론 이런 방식은 나의 고통에도 적용되어, 어떤 문제나 고민이 생겨 스스로가 너무 심각해지는 기미가 보이면 그냥 단순히 웃어버릴 수 있는 무언가를 찾거나, 괜스레 '하하하' 웃어도 본다. 어차피 죽을 듯 인상 팍 쓰고 앉아 있어 봐야 그 문제가 해결될 것도 아니고 미간에 주름만 남길 뿐이다. 그럴 거면 차라리 웃어서 생기는 눈가 주름이 더 이득이겠거니 하면서. 더욱이 그러고 나면 희한하게 무거웠던 그 문제조차 제법 우습게 느껴지기도 하고(그래 봤자 지가 문제지), 새롭게 해석되기도 하니까(문제를 이렇게 볼 수도 있지 않을까).

그렇게 유머로 퉁치듯 한번 웃어주며 살짝 올라온 마음을 펜촉 삼아 내 드라마를 다시 써보는 거다. 내 고통에 지지 않고 내가 주인공이 되어. 배우 손예진 씨가 "이거 마시면, 나랑 사귀는 거다"라고 했다면, 우린 "이만큼 웃으면, 고통 넌 그만큼 작아지는 거다"라고 하면서 말이다.

곱하기 2의 시간으로 기다리기
조급함을 돌보는 방법에 관하여

"애타도록 마음에 서둘지 말라."

김수영 시인의 시 〈봄밤〉에 나오는 구절이다. 개인적으론 30대 그러니까, 일과 학업과 돈에 '성취'라는 목표 지점을 두고 열심히 뛰는데도 번번이 절반도 못 미친 것 같은 막막함에 "와, 씨. 대체 언제까지 이렇게 뛰어야 해" 하며 신경질이 머리 꼭대기까지 나던 그 시절에 이 시를 만났다. '애타는 마음'에선 나의 성마른 온갖 욕망이 들켜버린 느낌이었고, '서둘지 말라'에선 이내 그래도 괜찮다며, 대신 좀 천천히 가라고 달래주는 느낌에 묘하게 위로가 되었더랬다. 그 뒤로도 조급함에 마음이 안달복달할라치면 나를 차분하게 만들기 위해 속으로 되뇌는 말이 됐다.

많은 분들이 상담실에 와 물어본다. "대체 (이 고통이, 상황이, 불편감이) 언제쯤 끝날까요?" 나는 답한다. "끝나죠, 반드시." 그리고 되묻는다. "언제쯤 끝날 거라 여겨지나요?" 아예 끝 모를 절망감에 완전히 휩싸인 경우가 아니라면, 그이는 최선을 다해 대충이라도 가늠해 본다. 2주, 한 달, 두 달, 6개월 등. 그럼 나는 다시 답한다. "거기에 곱하기 2를 해주세요. 시간에, 상황에, 사람에. 그렇게 내 마음의 끈을 더 늘려야 합니다." 양손 각각 엄지와 검지를 맞대어 동그라미 모양을 만든 뒤 가운데로 모아냈다가, 엿가락 늘이듯 좌우로 길게 늘이는 동작까지 꼭 하면서. 내 맘대로 만든 법칙, 일명 '곱하기 2의 법칙'이다.

'정서적 조급성 emotional urgency'이란 게 있다. 감정적 고통이나 불편함을 빨리 끝내고 싶어 하는 마음 상태를 말한다. 왜 조급하지 않겠는가. 끝이 나야만 비로소 편안해지는데 말이다. 하지만 그 끝이란 게 내가 원하는 시간에, 원하는 방식대로 나는 게 아니다. 대체로는 제 멋대로다. 그러니 그걸 견뎌야 한다는 게 너무나 힘들다. 저도 모르게 조바심이 나 미치겠고 마음만큼 따라주지 않는 시간이, 상황이, 사람이 원망스러울 수밖에 없다. 그런데, 그런다고 시간이, 상황이, 사람이 내 편이 되어주는 건 또 아니다. 그러니 어쩌겠는가. 유일하게 내 편 되게끔 내가 어찌 해볼 수 있는 '내 마음' 하나 부여잡고 딱 곱절만큼만 더 기다려보는 수밖에. 그렇게라도 해야 가뜩이나 고통 때문에 힘든 와중에 조급함으로 더 괴로운 이중고를 피할 수 있으니 말이다.

'곱하기 2의 법칙'은 딱 그만큼의 시간을 우리 뇌에 주면서, 뇌가 신경가소성 neural plasticity, 즉 새로운 경험을 통해 변화하고 적응하는 능력을 키우도록 기다려주는 것을 의미한다. 회복과 성장이란 새 길을 터는 시간을 충분히 주는 거다. 하다못해 손톱이나 입술 물어뜯는 작은 습관 하나 고치는 데도 최소 66일이 소요된다고 하니[9] 고통의 해소와 변화에는 얼마나 긴 시간이 걸릴 것인가.

영화 〈찬실이는 복도 많지〉의 김초희 감독도 언제 끝나나 싶은 긴 고생에 마음이 불안하고 조급해질 때마다 이 시 전문을 필사했다고 한다. 그렇게 숱한 밤을 꾹꾹 눌러낸 끝에 복 많이 받은 영화를 탄생시킨 셈이니, 이 정도면 믿을 만하지 않은가? 그러니 우리도 조급해질 때면 되뇌어보자. '애타도록 마음 서둘지 말자'라고. 곱하기 2의 시간을 주면서.

여유가 매너를 만든다
심리적 자원을 만드는 방법에 관하여

2015년 작 영화 〈킹스맨〉. 영화도 영화지만, 영화를 안 본 이조차 알 정도로 회자된 명대사가 있다. 바로, "매너가 사람을 만든다 Manners, Makes, Man."

주인공 해리 요원(콜린 퍼스)이 양아치들의 양아치스러운 행동에 화가 머리끝까지 났어도, 한 치의 흐트러짐도 없이 영국 신사다운 품위를 지키며 또박또박 내뱉은 말이다. 여기에다 표정은 어찌나 차분하고, 행동은 또 얼마나 격조 있던지 그 멋짐에 누군들 반하지 않을쏘냐. 그만큼 우리 모두에겐 그 어떤 상황에서도 매너를 지킬 수 있는 멋진 사람이 되고 싶단 열망이 있는 거겠지 싶다.

그 열망을 실현하고자 한다면? 저 명대사를 이용해 이렇게 말하고 싶다. "여유가 매너를 만든다 Relaxation, Makes, Manners." (콜린 퍼스가 이렇게 말한다면 더 멋있겠지!)

정말 그렇다. 천성이 급하건 느긋하건, 인격이 성숙했건 미성숙했건, 여유가 없으면 말짱 도루묵이다. 하다못해 내 주머니에 1,000원짜리 한 장이라도 있어야 노숙자에게 500원이라도 건넬 수 있는 법. 나한테 있는 거 다 주고, 거기에 제 주머니 구멍 나는 것도 모른 채 남한테 빌려서 주는 버릇까지 하다 보면 제아무리 느긋한 사람도, 성숙한 사람도 결국은 주저앉을 수밖에 없지 않겠는가? 매너는커녕 마음만 더 궁색해질 뿐이다.

그러니 내가 요즘 너무 바쁘고 정신 없다 여겨진다면, 주로 다른 사람들의 사소한 언행에도 짜증이 머리끝까지 나는, 그렇게 내 마음이 서슬 퍼런 칼날처럼 느껴질 때면, 해리 요원처럼 옷매무새 한번 가다듬으며 내가 낼 수 있는 가장 격조 있는 목소리로 또박또박 내뱉어보자.

"여유가, 매너를, 만든다."

그리곤 얼른 만들어보자, 저녁 약속 하나는 한 주 뒤로 쓱 미루고, 누군가의 부탁은 씩 웃으며 다음을 기약하고, 퇴근 후 휴대폰은 무음으로 싹 바꾸고, 나중으로 미뤄둔 휴가 하나는 쏙 꺼내 하루 쉬면서 말이다. 여유가 내 생활에 들어갈 공간을, 여유가 내 매너를 지킬 시간을 만드는 것이다.

무릇 내 곳간이 먼저 차 있어야 적선도 베풀 수 있는 거다. 해리 요원처럼 그 어떤 상황에서도 품격 있게 대응하고 싶다면? 그만큼 내면의 힘, 심리적 자원이 많은 사람이 되고 싶다면? 먼저 내 곳간 관리부터 잘하자, 이 말이다.

{ 의외성에서 찾는 의외의 기쁨 }
변수를 받아들이는 방법에 관하여

　변수變數. 어떤 상황의 가변적 요인 또는 어떤 관계나 범위 안에서 여러 가지 값으로 변할 수 있는 수를 말한다. 반대말은 상수常數로, 자연으로 정해진 운명 또는 일정한 수를 말한다. 어떤가, 두 가지 중에 어느 것이 더 편안하게 느껴지는가? 아무래도 사람들을 힘들게 하는 쪽은 예측 가능한 상수보다는 알 수 없는 변수일 때가 많은 것 같다. 자신의 계획이나 예상대로 일이 흘러갈 때 안정감을 느끼는 건 인간의 본능이니 말이다. 여전히 인기를 끌고 있는 MBTI 유형으로 따지자면, 특히 계획형(J)에 해당하는 사람일수록 이 변수란 게 강력한 스트레스 요인이 된다. 게다가 2012-2020년 자료에 바탕한 〈한국인 대표 표본의 MBTI 유형 분포 연구〉에 따르면, 1위는

ISTJ(12.8%), 2위는 ESTJ(12.4%)다. 그만큼 많은 한국인들이 계획형이고, 그만큼 변수에 약한 사람들이 많다는 뜻도 될 것이다.

결론부터 말하자면, 나의 삶에 뜻하지 않게 생기는 일들, 즉 변수에 맞닥뜨리게 되면 비록 쌍수 들고 환영까진 못하더라도, '어떤 좋은 일이 더 생기려고 그러지?' 하며 억지로라도 환대해 보는 게 좋다.

여기서 배우 천우희 씨가 한 예능 프로그램에서 한 말도 들어봄 직하다. 그녀가 지금처럼 주목받기 전, 그러니까 상당히 오랜 기간 많은 오디션을 보지만 그때마다 '연기는 잘하지만 얼굴이 못생겼다'는 이유로(세상에, 말이 되냐고요) 캐스팅이 좀처럼 되지 않았던 시절의 이야기다. 그때마다 그녀는 '너무 힘들다'는 생각보다는 '어우, 얼마나 잘 되려고 이러는 걸까?', '내 인생이 점점 버라이어티해지는군. 재밌겠어!', '에피소드 하나 더 생긴다 생각하지 뭐' 하고 생각했다고 한다. 얼마나 초긍정적인 생각인지, 오죽하면 '우희적 사고'란 말이 생겨났을까.

그러고 보면 나도 변수가 생겼을 당시엔 – 우희적 사고는커녕 – '에잇, 왜 계획대로 안 되고 이런 일이 벌어지는 거야'라며 온갖 짜증을 부렸을지언정, 나중에 돌아보면 '생각보다 더 좋았다' 내지는 '오히려 더 나았다'라고 생각될 때가 제법 있었다.

어느 여행길이 그렇다. 원래도 계획을 꼼꼼하게 세우는 편은 아니지만 그래도 '대충 오늘은 여길 가볼까?' 하며 한두 곳 정도 정하고 움직이는 편인데, 그런 대충의 계획도 틀어지는 때가 생긴다. 비가 와서, 늦게 일어나서, 길을 잘못 찾아서, 시간 계산을 잘못해서, 그것도 아니라면 어쩌다 보니 등. 그 순간은 참 당혹스럽다. 그런데 웬걸, 그 순간만 지나면 그게 더 좋은 여행길이 되었던 적이 많다. 예상 밖의 풍경을 만나고, 의외의 동네 맛집을 발견하게 되는 거다. 지금도 두고두고 생각나는 감동은 오히려 그런 변수에서 나왔던 것 같다.

가족들과 지나간 얘기를 하게 될 땐 어땠던가. 순탄하고 잘 풀린 일들보다 오히려 더 많이 얘기하는 것이 계획대로 안 풀린 일들, 뜻밖의 일들에 고생했던 일화들이다. '고생은 했어도 지금 생각해 보면 차라리 더 잘 된 거였어'라거나 '오히려 그게 더 추억이 됐네' 하는 말도 덧붙이며 말이다.

이렇듯 변수가 주는 효과가 분명히 있다. 소위 '의외성 unexpectedness'에서 그 근거를 찾을 수 있다. 생각이나 기대, 예상과 전혀 다른 성질을 뜻한다. 스탠퍼드대 조직행동론 교수인 칩 히스는 《스틱》이라는 책에서 이런 의외성을 '보통 그럴 것이다'라고 추측하며 자연스럽게 넘어가는 도식을 깨부수는 것으로 설명했다. 그럴 때 '머릿속에 스티커처럼 착! 달라붙을'

정도의 임팩트가 생긴다고도 설명했다. 그러니까 의외성은 그렇지 않은 것보다 우리로 하여금 훨씬 더 강한 경험을 유발시키기 때문에, 이전과 다른 접근이나 해석, 시도를 하게 만들고 기대 이상의 결과를 가져오게 하는 동력이 된다는 것이다. 그러니 변수라는 것을 맞이하게 됐다면 어떻게 대처해야겠는가. 어차피 내 앞에 놓인 것, 확 치워버리지도 못할 바엔 억지로라도 환대해 보며 '더 잘 되려고 내 앞에 왔나 보다'라며 의외성의 동력을 기대해 볼 수밖에.

기왕이면 그 기대감을 다른 누구의 말도 아닌 자기 말로 채워보는 것도 좋겠다. '어차피 벌어진 일, 즐기자!'라거나 '뭐든 끝은 나게 되어 있으니까', '또 다른 문이 열린 거야'라는 식으로 자신의 가치관이나 표현력을 담아서 말이다. 배우 천우희의 '우희적 사고'처럼, 까짓거 자기 이름 하나 꾹꾹 넣어 '누구적 사고'라고 거창하게 명명도 해보자. 뭐 어떤가? 어차피 내 인생, 이젠 너무 잘 나가는 배우 천우희가 대신 살아줄 것도 아닌데 뭘.

그렇다면 변수를 환대해보는 '시영적 사고'는? 바로 이거다. "훗, 변수? 그래 봤자 너도 지나면 상수!"

{ 손톱만 한 행복감이라도 끄집어내기 }
마무리를 잘하는 방법에 관하여

그런 날이 있다. 하루 종일 이리 치이고 저리 치여 늦은 밤, 집에 가면 그대로 녹초가 되어 침대에 털썩 눕게 되는 그런 날. 상처가 됐던 일들에 여전히 마음이 아리고 걱정이 되는 일들에 쉽사리 잠은 오지 않을 거 같은 그런 날. '와, 오늘 정말 최악이었다'라는 말이 절로 나오는 그런 날 말이다.

하지만 그런 날조차 마무리는 해줘야 한다. 어떻게? 그나마 손톱만큼이라도 좋았던 것 하나는 억지로 끄집어내야 한다. '눈 씻고 찾아봐도 없다'는 생각이 들지도 모르겠지만, 이때만큼은 노련한 사진작가라도 된 양, 그날의 고통은 일부러 줌아웃하고, 그날의 행복은 한껏 줌인하는 스킬을 발휘하면서 아주 사소한 것이라도 크게 부풀리며 끝끝내 하나는 건져내야 한다. 별 기대 없었는데 의외로 아삭하니 식감이 좋고 맛있었던 점심 백반의 깍두기라도, 내 예상보다 빨리 도착한 택배 상자라도, 간만에 맑고 화창했던 날씨라도, 딱딱 운 좋게 맞아떨어지던 신호등이라도 찾아내야 한다. '곰돌이 푸'의 어록 중에 "매일 행복하진 않아. 하지만 행복한 일은 매일 있어"라도 중얼거려보면서, 영화 〈퍼펙트 데이즈〉의 주인공이 '코모레비(나뭇잎 사이로 비치는 햇살)'에 지어 보이던 미소도 흉내 내 보면서 말이다. 그들이 알고 했건 모르고 했건 '피크–엔드 법칙peak-end rule'의 효과는 제법 크니까.

'피크–엔드 법칙'이란 심리학자 다니엘 카네만Daniel Kahneman이 주장한 이론으로, 사람들이 어떤 경험을 평가할 땐 그 경험의 최고점과 최근점에 기반해 평가하는 경향이 있다는 것을 뜻한다. 그러니까 사람들은 그날이 어떤 날이었는지를 가장 좋았거나 나빴던 일, 그리고 마지막 순간에 기반해 평가한다는 것이다. 그러니 어떤 하루가 최악의 날이었다 하더라도 마무리하는 마지막 순간에 가장 좋았던 일을 떠올리면 '그럭저럭 괜찮았던 날'로 조금은 둔갑할 수 있는 거다.

내 생각에 '피크–엔드 법칙'은 비단 하루의 마무리 시점에만 적용하기엔 좀 아까운 이론이다. 그래서 난 여기저기 마음껏 갖다 붙이라고 주문하곤 한다. 이를테면 어떤 특정 활동을 마무리할 때도 마찬가지. 내가 즐겨보는 요가 채널의 강사는 항상 클로징 멘트로 "입가에 미소 한번 띄워봅니다"라고 읊어주곤 한다. 그렇게 하다 보면 그날의 요가도 제법 괜찮아진다. 하는 내내 어려움에 쩔쩔맸을지언정, 그래서 '나는 왜 이렇게 못 하지?' 내지는 '왜 번번이 이 동작이 안 되지?'라는 비판적인 생각으로 나의 몸을 인색하게 바라보고 있었을지언정. '그래도 이 동작할 때는 시원해서 기분이 좋았지'라며 괜찮았던 경험에 줌인한 뒤 억지로나마 미소 한번 지어 보면 억지 미소가 진짜 미소가 되어 '그래도 오늘 운동했다'는 뿌듯함이란 것도 따라온다.

카카오톡이나 문자 메시지, 메일의 끝은 또 어떻고? 상대방에게 화나거나 서운한 감정, 성에 안 차는 것이 있었더라도 '그래도 나를 도와주려고는 했지'라거나 '조심하는 모습이 느껴졌어', 하다못해 '오늘은 그래도 대화가 빨리 끝났어'라고 하면서 기어이 내게 좋았던 것 하나를 끄집어내고 나면, 내 말끝에 물결무늬나 웃음 짓는 이모티콘 하나 더 보태고 나면 조금이나마 기분이 나아진다. 내가 좀 더 친절하고 관대한 사람이 된 거 같고, 그와의 관계도 조금은 더 훈기 돋게 마무리한 것 같다. 이게 전부 다음을 시작하는 내 마음에 반질반질한 기름칠 한번은 해두는 격이라 여긴다.

그러니 어떤 것을 마무리할 때는? 그것이 오늘 하루든, 어떤 활동이든, 혹은 누구와의 관계든 마무리는 할 때 이것 하나는 꼭 기억하자. 손톱만 한 행복감이라도 끄집어내야 한다는 것을. 그리고 미소 한 번 지어줘야 한다는 것을.

{ 아무것도 안 하는 것의 힘 }
휴식을 잘하는 방법에 관하여

　방구석 꼼지락 요가일지언정, 중간중간 요가원이나 필라테스 센터를 잠깐씩 다니기도 했고, 코로나 시국부터는 유튜브를 활용해 홈트를 했다. 그러기도 벌써 7년이다.
　요가 얘기를 조금 하자면, 이게 참 오묘한 것이 아무것도 안 하는 것처럼 보이는 순간도 사실 아무것도 안 하는 게 아니라는 데 있다. 그러니까 오른쪽 다리로만 지탱하여 서 있는 나무 자세를 한다고 해서 왼쪽 다리는 아무것도 안 하는 게 아니라, 오른쪽 허벅지 안쪽에 발을 대고 올려둔 다리의 무릎이 안쪽으로 말리지 않고 바깥쪽으로 열릴 수 있도록 계속 힘을 주고 있다는 것이다.
　그저 서 있는 것처럼 보이는 선 자세도 마찬가지. 흔들림 없이 단단히 잘 서기 위해서는 두 다리의 허벅지, 무릎 안쪽이 서로 떨어지지 않게 힘을 줘야 하고, 제대로 하려면 배꼽도 안으로 끌어당기고 발가락까지도 요가 매트를 움켜쥐듯 하고 있어야 한다. 그래서 실제로는 제법 온몸의 근육 모두가 바쁘게 움직이고 있다.

처음에 요가를 할 때는 이걸 잘 몰랐다. 그래서 어느 한 쪽의 동작을 할 때 남은 한쪽은 방치되기 일쑤였다. 그러다 보니 균형이 잘 안 잡혀 쉽게 흔들리거나 비틀거렸고, 뭔가 한다고는 했는데 영 개운치 않았다. 나름은 열심히 한다고 했는데도 썩 운동의 효과가 있는 것 같지도 않았다.

그랬던 게 요가 경력도 쌓이고, 사이사이 전문가들에게 직접, 혹은 귀동냥 어깨동냥으로 배운 것들이 쌓이면서 알게 된 것이다. 아, 아무것도 안 하는 게 정말 아무것도 안 하는 것이 아니구나!

휴식도 마찬가지다. 말 그대로 하던 일을 멈추고 잠깐 쉬는 것 말이다. 특히 번아웃 같은 심리적 소진 현상을 겪고 있는 사람, 우울이나 불안, 공황 등으로 고통받는 사람, 꼭 이런 명칭 있는 증상들이 아니더라도 지금 힘들고 지쳐있는 사람에게 가장 필요한 것은 누군가의 백 마디 말, 효과 좋다는 약, 보상이 될 만한 돈이나 물질 등이 아니라 '쉼'이다. 너무 단순하리만치

명확하고 그 이상의 논리가 필요 없이 당연한 말인데, 막상 '쉬어야 한다'는 말을 자신이 듣게 된다면? 열이면 아홉은 주저한다. 성취, 성실 등에 대한 가치관이 확고하거나 책임감이 강한 사람, 그래서 쉰다는 것이 익숙하지 않기도 하거니와 쉰다는 건 게으른 것이고 그래서는 안 된단 죄책감, 또는 더 안 좋은 일이 생길까 하는 걱정과 불안이 높은 사람일수록 더더욱 주저함이 크다.

40대 B 과장도 그랬다. 그는 전형적인 워커홀릭으로 지난 3~4년 동안 미친 듯이 일만 하며 달려왔다. 하지만 뜻밖의 사건으로 상사의 눈 밖에 나며 한순간에 배척당하기 시작했다. 자존심도 너무 상하고 견딜 수 없이 괴로워진 그. 여름휴가조차 하나 쓰지 않아 쌓여만 있던 20개의 휴가를 연말 동계휴가 시즌을 맞아 쓰기로 큰맘을 먹었다. 그리곤 상담실에 와서 이런 얘기를 한다.

"오늘 집에 가서는 제가 20일 동안 어떻게 쉴지 목표와 계획을 좀 짜보려고요. 그동안 못 본 책들 리스트도 뽑아보고 온라인 강의도 몇 개 추려 두었던 게 있거든요. 그것도 언제 볼지 계획도 짜보고, 이참에 애들이랑 안 가본 지역 다니면서 박물관도 들르고 역사랑 지리 공부도 좀 시키고…."

"아니 잠깐만요, 지금 쉬자는 겁니까, 쉬는 일을 하자는 겁니까?"

B 과장에겐 그러니까, 쉰다는 것은 아무것도 안 하는 것과 같은 것이었다. 그래서 B 과장은 그걸 무가치한 것으로 인식하고 있었다. 하지만 어디 그렇더냐. 요가에서도 아무것도 안 하고 있는 게 아무것도 안 하는 게 아닌데, 인생에서 휴식을 취한다는 것은 더 그렇지 않은 법이다. 오히려 회복을 향해 더욱더 안간힘을 쓰고 있는 상태, 그러니까, 소위 '열일'하고 있는 중이라고 봐야 마땅하다.

'주의회복psychological recovery'이라는 이론이 있다. 자연환경이 인간에게 선사하는 심리적 회복 효과에 관한 이론 중 하나로, 집중적인 주의력을 필요로 하는 활동을 한 이후에는 무의식적인(의도적인 주의를 기울이지 않은 상태에서) 휴식으로 재충전을 해주어야 소모된 주의를 회복할 수 있다는 것이다.[10] 이는 우리가 멋진 자연 경관을 그저 바라보는 것만으로도 자연스럽게 마음이 편안해지는 것과 같다. 그렇다고 반드시 자연환경일 필요도 없다. 아무것도 하지 않는 휴식이 회복의 전제 조건이라는 게 포인트다.

그러니 휴식을 하고자 할 때는 그 주의회복 과정을 섬세하게 존중해주고, 섣부르게 방해하지 않아야 한다. 아무것도 안 하는 게 영 어색하고 불편해 꼭 뭐라도 해야겠다면, 차라리 '회복 환경restorative environment'에 신경을 쓰라고 말하고 싶다. 주의 회복이 활발하게 될 수 있도록 매혹적인 환경을 만드는 것이다. 그러려면 4가지 구성요소, '벗어남being away', '매혹감facination', '짜임새coherence' 및 적합성compatibility'을 갖춰야 한다. 이를테면 늘 있어온 회사가 아니라(벗어남), 내 시선을 절로 잡아끄는 아름다운 바닷가에(매혹감), 내가 오가며 활동하기 좋은 숙소를 잡아(짜임새), 거기서 전화나 노트북을 들고 일하는 만행을 저지르는 대신 늘어지게 늦잠도 자고 때 되면 산책도 하면서 편안히 쉴 수 있도록(적합성) 하는 거다. 어떤가, 아무것도 안 하는 게 결코 아니지 않는가!

B도 상담 끝에 20일 중 3일은-이것도 큰 결심이 필요했다-가족들과도 떨어져 혼자 가보고 싶었던 지역에 숙소를 잡아 아무것도 안 하며 먹고 노는 휴가를 보내보기로 결정했다.

그렇게 B는 인생에서 제일 긴 휴가를 보내고 돌아왔다. 하지만 B의 상황이 드라마틱하게 변한 건 아무것도 없었다. 여전히 B의 상사는 B를 곱지 않게 여겼고, B는 자존심이 구겨진 상태로 버텨야 한다. 그렇지만 B는 20일 동안 쉬면서 '아, 이렇게 지낼 수도 있구나' 하는 것을 경험했고, 그것이 가장 신선하고 좋았다고 했다. 자기 하나 없어도 회사가 잘 돌아간단 걸 확인한 것도 수확이라면 수확이라며, 살짝 씁쓸하지만 한층 가벼워진 미소를 덧붙이면서 말이다. 그리고 앞으로는 '가끔 이렇게 지내도 좋겠구나' 생각하며 휴가를 챙기자는 다짐도 했다고 한다. 일단은 그것만으로도 B의 20일은 '열일'한 거 아니었을까.

{ 지키진 못하더라도 언저리에선 맴돌 것 }
루틴을 유지하는 방법에 관하여

 최근 이사를 하게 됐는데 그 과정이 아주 녹록지 않았다. 회사 일은 회사대로 바빴고 반려동물은 아파서 손이 많이 간 데다, 원체 정리정돈에 조금은 강박적이고 성미가 급해 무슨 일꾼마냥 매일을 쓸고 닦고 넣고 빼고를 하다 보니 하루하루가 그렇게 분주할 수가 없었다. 이사를 하고 정리가 어느 정도 되어 이제 좀 내 집 같다 여겨지는 데는 꼬박 한 달이 걸렸다. 그렇게 한숨 돌리나 싶은 것도 잠시, 이내 또 다른 문제에 부딪히게 되었다. 나는 그 한 달의 시간 끝에 루틴을 완전히 잃어버렸고, 그리하여 몸도 마음도 잔뜩 못 생겨지고 말았다는 것이다.
 루틴이라고 써서 그렇지, 그리 거창한 것도 아니다. 일어날 때 일어나 한 10분 스트레칭을 하(려 하)고, 30분 동안 책을 읽거나 글을 쓰(려)는 아침, 그리고 천천히 30번은 씹어먹(으려)는 삼시 세끼, 가급적 디저트류 대신 집어 드(려)는 건강한 간식, 하루를 마무리하기 전에 일주일에 세 번 정도 20~30분 하(려)는 운동이 전부다. 눈치채셨겠지만 막상 루틴이라고 단정적 어조로 쓰기엔 그조차 찔리는 구석이 많아, 괄호까지 동원하게 되는 정도의 루틴이다. 어쨌든 이게 깨져서는 에라 모르겠다, 막 먹으며 잠은 멋대로에 운동은 하는 둥 마는 둥, 책? 글? 그건 먹는 건가요? 하게 된 거다.

그러니 컨디션이 아주 엉망이다. 몸은 찌뿌둥하고, 붓기(라고 썼지만 확연히 늘어난 뱃살)에 소화 불량, 피부 트러블이 생겼고, 여기에 신경질과 짜증이 더해졌다가 때로는 자책이나 자기혐오까지 이어지기도 했다. 그렇게 야금야금 한 달이 흘렀고 도저히 안 되겠다 싶어 이제 또다시 하려니, 아휴 너무 힘이 드는 거다. 잘 일어나지지도 않거니와 일어나서도 요가 매트가 쉬이 펴지지 않았고, 책 한 줄, 글 한 줄이 잘 읽고 써지지 않았다. 먹는 건 또 어떻고. 좀 조심하자 싶다가도 이내 많이 먹거나 빨리 먹거나 별걸 다 먹는 식탐녀로 돌아가기 일쑤였다. 운동도 '아, 몰라 내일부터'를 외치다 보니 그간 '운동 지상주의'라며 잔뜩 떠벌리고 다녔던 게 민망할 지경이 되었다.

처음 해보는 것들도 아니고 원래 했던 걸 다시 하는 건데 도 대체 왜 이리 힘든 건지 원. 하물며 시간으로 치자면 해왔던 시간들이 최근의 하지 않은 한 달보다 몇 곱절은 길었으니, 뭔가 모르게 억울하다는 생각조차 들었다. 마치 그때의 나와 지금의 내가 생판 다른 사람이 된 듯했다. 그 거창할 것도 없는 일상이 대단히 거창한 미지의 세계가 되어 도무지 진입로를 못 찾는 우주 미아가 된 것처럼 느껴졌다.

그래서 이번에 다시 한번 깨달은 건, 살면서 어떤 것들은 가급적 지키는 수고를 들이는 게 훨씬 덜 수고스럽다는 것이다. 물도 쏟고 나서 수습하기보다는 조심하여 쏟지 않는 게 더 낫고, 모진 말도 뱉고 사과하는 것보다는 당초 뱉지 않는 게 더 낫듯이. 이른바 항상성^{homoeostasis}, 즉 몸과 마음의 안정된 상태를 유지해 주는 것인데, 한 번 균형이 깨지면 회복에 몇 곱절의 시간과 노력이 필요하니, 당초 적은 품을 들여 지킬 건 지켜주는 게 낫다는 것이다.

더욱이－과장 좀 보태면－항상성을 되찾는 데 들어가는 품은 나이와 정비례하는 듯싶다. 그러니 내 나이가 점점 노화라는 것에 맞닿아있는 사람이라면 애당초 지키는 것에 각별히 더 신경 쓸 필요가 있다. 마치 20대 때는 '급찐살' 그까짓 거 한두 끼 안 먹으면 금세 빠졌지만, 40대 이후부터는 그런 아름다운(!) 일은 절대로 일어나지 않는 것과 마찬가지랄까.

그러니 자신에게 좀 괜찮은 루틴이 있다면? 차라리 굳건히 지켜주는 수고를 기꺼이 하자. 물론 살다 보면 한두 번 깨질 수도 있고, 깨진 상태로 제법 며칠, 때론 몇 주를 지내게 되기도 하겠지. 하지만 할 수 있다면 너무 길지 않게, 그리하여 다시 회복하는 데 몇 곱절의 수고와 그 수고를 다시 하겠다는 결심이 대단히 필요하진 않게끔 아주 멀리 가진 말아야 한다. 언저리에서 왔다 갔다 하면서 어느 정도 다시 그 루틴 속으로 들어갈 수 있게끔 말이다.

부끄럽게도 번지르르한 말과 달리, 정작 제법 멀리 간 나는 이제 되돌아가기 위해 수고를 많이 들일 일만 남았다. 그래도 어쩌겠는가. 지금보다 더 멀리 가서 더 많은 수고를 들이지 않으려면 오늘부터라도 낯설게만 느껴지는 우주를 찾아 들어갈 수밖에. 본래 내 것이었으니, 어쨌든 어딘가에 쨍 박혀있을 항상성이 또한 날 알아채 주고, 그리하여 분명히 안착시켜 줄 것이라 믿으며. 일단 오늘 저녁밥부터 천천히 10번씩은 씹어 먹고 내일 아침은 스트레칭도 10분 하고 모레는 퇴근길 계단 오르기도 20층! 이렇게 하나씩 하다 보면 두툼해진 뱃살도 한 달 뒤엔 조금 사라지겠거니 기대하며.

관계에서
나를 돌봅니다

하찮은 관계의
위대함

'관계'에 대한 이야기를 하려니 떠오르는 이가 있다. 워낙 내향적이고 독립적인 기질에, 대인관계 욕구 자체가 높지 않은 30대 후반 미혼 여성 B. 그는 회사에서의 관계는 일로 충분할 뿐 그 이상의 관심이나 친분은 부담스럽게 여긴다. 밥도 주로 혼자 먹는데 회식은 말해 뭐할까. 오히려 회식을 할 수 없었던 코로나 시절이 편했다는 이야기를 할 정도다. 회사 밖이라고 크게 다르지 않다. 외동인 B는 부모님과도 소원해 명절 때나 겨우 만나고, 친구라곤 SNS로 만난 한 두 명과 안부 나누는 정도다. '집-회사-집', 아니면 '집-집-집'의 심플하기 그지없는 생활을 하고 있다. 다행히 비상한 머리와 깐깐한 일 처리는 연구원이란 그의 직무와 잘 맞아 회사에서 B의 입지는 탄탄하다. 또한 혼자 지내는 생활에 대한 스스로의 만족감도 제법 크니 문제 될 게 없다. 맞다. 문제는 아니다. 그저 그녀가 만족스러워하는 것치고는 노상 무색무취한 얼굴에 재미라고는 없어 보이는 것이 색깔로 치자면 '어두침침한 그레이'라는 것뿐?

그랬던 그녀가 어쩌다 등 떠밀려 상담을 하게 됐다. '집-회사-집'이던 그의 생활에 1주일에 한번은 '집-회사-상담실-집'이라는 작은 변주가 생긴 셈이다. 단지 그뿐인데 B가 조금씩 달라져 갔다. 어두침침한 그레이였던 그녀의 생활에 다른 컬러가 입혀졌다고 할까. 조금씩 생기가 돌기 시작한 것이다. 이유는-뭐 내가 너무 상담을 잘해서라기보다는-독서광이던 그녀가 생전 가야 누군가에게 자기가 읽었던 책 이야기를 할 데가 없었는데(아니, 할 필요도 못 느꼈는데) 상담실에서 자신이 읽은 책과 소회를 이야기하게 되니 신이 났던 데 있다. 워낙 제 흥에 올라 이야기를 하니 그저 잘 들어주며 중간중간 추임새 한번, 이런저런 질문 한번, 혹은 떠오르는 생각을 한 번씩 던졌을 뿐인데도 그녀는 나와의 상호작용에 상당히 몰입했고, 대화의 주제도 책에서 일상, 건강, 가족, 힘들었던 대학원 시절, 혼자였던 학창 시절, 관계에서 상처받았던 기억, 회사에서 신경 쓰이는 동료에 대한 고민 등으로 자연스럽게 넓어졌다. 그리고 늘 상담의 마무리 소감은 이랬는데, 듣는 나도 썩 흡족했다.

"누군가와 이야기를 나누는 것이 생각보다 참 즐거운 일이구나, 오늘도 느꼈어요."

그렇게 B와 반년 정도 만났나, 상담실을 떠나갈 때 그녀의 일상은 제법 달라졌다. '집-회사-독서모임-집'이 되기도, '집-회사-자원봉사-집'이 되기도 했다가, 또 어떨 땐 '집-회사-회식-집'이 되기도 한 것이다. 그녀는 그렇게 자신의 관계, 그리고 그 속에서의 경험을 확장해갔다. 그러면서 '어두침침한 그레이 우먼'이 이제는 주위 색깔과 어울리며 빛을 반영해 내는 '우아한 그레이 우먼'으로 더 활력 있어졌다는 결말. 쓰고 보니 아주 조금은 내가 상담을 잘해서 그렇다고 자랑하고 싶은 엔딩.

어찌 보면 별거 아닌 책 이야기, 옷 이야기, 밥 이야기 그러다 옷에 묻은 밥풀 이야기까지, 사람은 그저 그런 하찮은 일상을 나누는 즐거움 없이는 살 수 없는 존재다. 오죽하면 영화 〈캐스트 어웨이〉에서 무인도에 떨어진 주인공이 배구공에 '윌슨'이란 이름을 지어주고는 친구 삼아 이야기를 나누며 4년이나 버티고, 어느 날엔 그것에 짜증을 내며 버렸다가 이내 다시 찾아와서랑은 울고불고 사과하며 영원한 우정을 맹세했겠는가(다시 말하지만 윌슨은 배구공이다). 그러니 맛있는 음식을 두고 '한 번도 안 먹어본 사람은 있어도 한 번만 맛본 사람은 없다'고 표현하듯, 관계에서도 이 표현은 딱 들어맞는다. 일단 한 번 맛보면 또 맛보고 싶어진다는 것이다. 그리고 그 맛에 대한 음미는 점점 깊어지고, 그러다 보면 가족 이야기, 꿈 이야기, 비밀 이야기를 나누게 되고, 또 그러다 보면 슬픔 이야기, 불안 이야기, 소망 이야기도 나누게 된다. 그렇게 나의 경험은 좀 더 깊게, 그리고 나의 관계는 좀 더 넓게 확장되며 내가 변모한다. 마치 B처럼 말이다.

3장에는 그런 관계에 대한 이야기를 담았다. 하찮지만, 사람을 변화시키기도 하는 관계. 어떠한 관계도 없이 혼자서는 결코 살 수 없고, 어쨌든 껴안고 일생을 살아가야 하는 게 사람의 숙명이라면, 어떻게 하면 좀 덜 힘들게, 그리고 좀 더 자연스럽게 관계를 맺고 유지하며 즐겁게 지낼 수 있을까를 함께 생각해 보자는 취지다. 정답이라고 할 것도 없지만 미리 공개하자면, 내가 생각하는 답은 바로 이 구절에 있다.

'내 몸과 마음의 주인은 나. 그이의 몸과 마음의 주인은 그.'

관계에서 생겨나는 많은 고민과 갈등, 그리고 고통은 바로 이 구절의 명제가 흔들릴 때 발생한다. '내 몸과 마음'을 그이에게 맡기거나, '그이의 몸과 마음'을 내 것처럼 굴려고 할 때 생겨난다. 특히 앞의 것(내 몸과 마음의 주인은 나)은 이미 내 것이기도 하거니와, 요즘엔 자존감이 하도 많이 강조되다 보니 어느 정도는 되는 듯싶다. 반면 뒤의 것(그이의 몸과 마음의 주인은 그이)은 제법 어렵고 그보다 더 자주 잊는 경향이 있다.

나 역시 그렇다. 그러니 자꾸만 가족이, 친구가, 동료가 내 기준에서 이해가 안 가고 그러니 밉다. 저렇게 안 했으면 싶다. 그리고 그 정도가 심하다 느껴질 때, 관계가 견디기 어려워진다. 이때 뭐라도 해야겠다 싶은 본능이 작동하는데, 그이에게 공격의 발톱을 내세울지 아니면 아예 내팽개쳐 버릴지의 아슬아슬한 경계선으로 나를 몰아간다. 바로 이때 정신 바짝 차려야 한다. 그리고 이때 이 구절, 특히 뒤 문장에 힘을 주며 되뇌어야 한다. '내 몸과 마음의 주인은 나. 그이의 몸과 마음의 주인은 그'. 그럼 좀 낫다. 그이에 대한 '애당초 불가능한' 통제 욕구는 거둬들이고, '유일하게 통제 가능한' 내 것에, 대단히 하찮은 뭐에라도 집중하며 힘을 쏟아야 한다. 그럼 어느 순간 뒤따라온다. 그런 나로 인해 그이가 살짝 달리 반응하는 때가 말이다. 비로소 관계가 변모하는 것이다.

그래서, 계속 말하지만 별것도 아닌 하찮은 게 참으로 위대한 것이다.

{ 내 몫의 아이스크림을 맛있게 먹기 }
경계 설정의 주인이 되는 법

    관계에 대한 강의나 이야기를 하다 보면 꺼내게 되는 에피소드가 하나 있다. 제법 오래된, 10년도 훌쩍 더 된 일이다. 당시 나의 반려견은 내이염으로 죽을 고비를 넘기며 많은 날을 고생했고 제법 많은 돈을 썼다. MRI 검사, CT 촬영, 몇 주간의 입원비, 진료비, 약값 등이 통틀어 850여만 원. 이것저것 다른 비용도 더해 반올림을 세게 하면 근 1,000만 원이 되는 돈이었다. 어느 날 친한 선배와 이 얘기를 하게 됐는데, 그 선배의 말. "어머, 시영아. 그 돈을 나한테 줬으면 내가 너한테 더 잘할 텐데!"

    액수에 놀란 마음, 거기에 날 생각해 준 농담까지 얹어 악의 없는 말이란 걸 알았기에 그냥 흘려보낼 수 있었지만 그 대화는 내게 큰 교훈 하나를 주었으니 그건 다름 아닌, '아, 내 얘기를 솔직하게 몽땅 하는 게 능사가 아니구나. 할지 말지, 어느 정도로 할지는 내가 정해야 하는 거구나. 그리고 했을 때의 결과는? 결국 내가 감당하는 거구나!' 하는 것.

실제 상담실에서도 이런 고민이 제법 많이 다뤄진다. 내가 기대했던 반응과 상대의 반응이 달라 상처받거나 화나는 경험들에서 기인한다. 관계가 늘 어려운 20대 후반 여성 M. 동호회에서 만난 동생들 두 명과 잘 지내던 와중에, 어느 날인가 그들이 평소 많이 직설적인 편인 M의 말투를 두고 조심해 달라는 부탁을 해왔다. 어쩐지 자존심도 상하고 서운한 마음이 든 M은 뻗대다가 끝내 싸움으로 대화를 마치고는 토라져 나와버렸다. M은 그 동생들과 연락을 안 한 지 일주일이 넘었다며 답답함을 호소했다.

"아니, 어떻게 저한테 이럴 수 있죠? 제가 그래도 한두 살 더 많다고 지들한테 사준 밥이 얼마고, 영화랑 택시비도 대신 내 준 게 얼만데!"

그러게나 말이다. 그 밥, 영화, 택시비 다 아까울 만도 하고, 서운하고 억울할 만도 하다…만은 어쩌겠는가, 그 동생들이 밥 사달라고, 영화 보여달라고, 택시 태워달라고 졸라댄 것도 아니었고, 그 지갑을 활짝 연 것은 M 자신의 손이었는데 말이다.

'몫'이란 단어가 있다. 여럿으로 나누어 가지는 각 부분을 뜻한다. 그 옛날 내 엄마는 한참 먹성 좋은 자식 네 명에게 당시 인기였던 '투게더'란 이름의 아이스크림 한 통을 줄 때마다, 항상 밥그릇 네 개를 꺼내 숟가락으로 푹푹 퍼 똑같은 양으로 나눠 주셨다. 그건 '자, 이건 네 몫이니 이만큼은 네 속도로 네 방식대로 마음껏 먹을 수 있다'라는 뜻이었다. 그리고 그건 달리 말하면, '저만큼은 다른 형제의 몫이니 그것까지 탐해서는 안 된다'는 뜻이기도 했다. 살짝 정 없어 보일지 몰라도 식탐 많은 어린 아이들이 그야말로 '투게더'할 수 있는 그 얼마나 평화로운 방식이었던가. 덕분에 나는 나보다 큰 언니, 오빠들에 질세라 허겁지겁 달려들지 않고, 내 몫의 밥그릇을 끌어안고 천천히 녹여 먹는 아이스크림의 달콤함을 누릴 수 있었으니, 암만 생각해 봐도 엄마는 현명하셨던 거다.

그런 몫이란 게 관계에도 적용된다. 이만큼은 내 몫, 저만큼은 당신 몫이라는 경계 설정. 상대에게 어떤 얘기를, 얼만큼, 어떻게 이야기할지, 그리고 어떻게 내 마음을 표현하고 전달할지는 내 몫이다. 당연히 그 얘기를 듣고 어떤 얘기를, 얼마큼, 어떻게 이야기할지, 즉 어떻게 받아들이고 반응할지는 그의 몫이다. 그런데 내 몫은 그에게 맡기고, 그의 몫은 내 것처럼 군다면? 당연히 몫 다툼, 아우성이 생기기 마련이다. '아니,

나는 기껏 용기 내 솔직하게 다 얘기했는데(지가 얘기해 놓고선), 어떻게 저렇게 얘기할 수가 있지(그거야 저쪽 마음인데)?'와 같은.

이제 상대는 내 얘기를 할 만큼 좋은 사람에서, 내 마음도 못 알아주는 나쁜 사람으로 둔갑한다. 나는 그에게 상처받은 피해자가 됐다. 원하는 답을 알려준 것도 아니면서 내가 원하는 말을, 행동을, 즉 반응을 해주지 않았다고 관계의 책임을 온통 그의 몫으로만 넘겨 버리는 거다. 그 결과, 상대는 그저 자기 몫의 아이스크림을 먹었을 뿐인데 마치 남의 몫의 아이스크림까지 뺏어 먹은 가해자가 되어 옴팡지게 미움을 받더라는, 어쩐지 그가 더 억울해해도 마땅찮을 이상한 엔딩이 되는 것이다.

그래도 너무하다고? 상대가 그렇게 눈치 없이 말할 줄 알았냐고? 그럼 이렇게 반박할 수 있다. '아니, 상대가 그렇게 눈치 없는 줄도 모르면서 그 말을 했단 말인가?'라고 말이다. (이 글을 읽은 당신이 "뭐 이런 냉정한 상담자가 다 있어"라며 날 미워할 수도 있다. 근데 어쩌겠는가. 그건 당신 몫이다. 대신 난 할 말 했다는 속시원함과 미움받을 수 있다는 긴장이 남았으니 그건 나의 몫이고.)

관계, 특히나 어릴 적 아이스크림마냥 엄마 손에 내 몫의 결정을 맡길 수도 없는 어른의 관계에서 내 몫은 고스란히 내가 할 수밖에 없다. 그걸 상대에게 던져 놓고서는(보통은 상대도 모르는 나만의 방식으로), 공연히 상대를 탓하지 말자. 상대도 그저 자기 몫을 하느라 바쁠 뿐이니 말이다. 이것이 건강한 심리적 분리psychological separation, 즉 자신과 타인과의 확고한 경계 설정으로 타인에 대한 의존에서 벗어나 자신만의 자아감을 획득하고 유지하는 것을 의미한다.

참, 그래서 그 선배와의 교훈 이후로 내가 어떻게 하느냐고? 나는 반려동물과의 경험이나 그런 주제에 관심이 없는 사람, 가치관이 다른 사람에게 굳이 그런 이야기를 꺼내지 않는다. 앞서 말한 병원비는 우리 부모님에게도 비밀이다. 하지만 때론 내게 중요했던 이 경험을 꺼내 공감받고 이해받고 싶은 내 마음도 소중하게 보듬어 줘야 하지 않는가? 그럴 땐 반려동물과 지금 함께하거나 했던 사람, 혹은 그 세상에 호의적인 사람, 그래서 "그랬겠어요, 개도 가족인데"라고 말해줄 수 있는 사람에게 마음껏 한다. 그깟 돈, 동그라미 하나 더 그려질지언정 똑같이 행동했을 거라고 두 배 세 배 부풀리며, 내가 얼마나 책임감 있는 반려인이자 괜찮은 어른인지 실컷 거들먹거리면서 말이다.

M도 마찬가지다. 결국 M은 동생들에게 두 번이나 먼저 연락을 하며 화해의 제스처를 취했다. 하지만 그 동생들은 M이 앞으로 말투를 조심하겠다는 확답을 해야 계속 관계를 유지할

수 있겠다는 요구를 해왔다고 한다. M은 오히려 이 과정에서 자신에 대한 그들의 인색함을 확인하게 되었다. 그리곤 굳이 그들과의 관계를 그렇게까지 이어갈 필요는 없겠다며 단념하게 되었다. 그렇게 그들의 관계는 끝이 났지만, M은 별 탈 없이 잘 지내고 있다.

넓게 말고 좁게 제대로 다지기
관계에서 번아웃을 방지하는 법

그 어느 날 써 둔 메모가 있다.

'가까운 이들에게 더 다정하리라. 그저 그런 인연엔 무심하리라. 그렇게 낭비 없는 마음으로 두루 관대하리라.'

그날은 친구의 배우자가 갑작스러운 사고로 세상을 떠 장례를 치른 지 얼마 안 된 날이었다. 쉰도 채 되지 않은 젊은 나이에 어찌나 아까운 죽음이던지. 그리고 얼마나 애달픈 남겨짐이던지. 여느 때처럼 출근을 하는데 마침 미세먼지도, 황사도 없는 봄 하늘이 신나서 놀이터로 뛰어가는 예닐곱 살 사내 녀석 얼굴마냥 참 말개서 오히려 얄궂은, 그런 날이었다.

며칠간 황망함과 슬픔, 안타까움으로 보내다 와서 그랬던 걸까. 그렇게 마주한 아침은 새삼 이질적으로 느껴졌다. 아니, 비현실적이기까지 했다. 그렇게 좀 다른 느낌을 안고 일을 하고 있는데, 번번이 이기적이라 여겨졌던 직장 동료가 아침부터 부탁을 해왔다. 가만 보니 꼭 필요한 도움이라기보다는 그걸 빨리 처리하고 싶은 자기 마음을 위해서다. 그냥 해줄 수도 있었겠지만 그날은 좀 달랐다. 그 부탁을 들어주려면 30분 정도의 내 시간이, 그리고 그만큼의 내 에너지도 들어가야 하는데 그게 아깝게 여겨지더란 말이다. 그래서 정중히 거절했다. 그리고 내 마음을 살폈다. '그가 날 싫어하면 어쩌지?', '실망했으려나?' 류의 생각은 별로 들지 않았다. 반면 '잘했어', '아껴진 30분으로 내 일에 더 집중하고, 친구한테 이따 전화 한 통을 더 하자'가 더 또렷하게 보였다. 그러면서 떠오른 세 줄의 문장.

'가까운 이들에게 더 다정하리라. 그저 그런 인연엔 무심하리라. 그렇게 낭비 없는 마음으로 두루 관대하리라.'

장례 중 친구는 그런 말을 했다.

"사람들이 와이프더러 참 좋은 사람이었다, 이렇게 말하는데 그러고 보니 나만 못 알아주고 미워했던 거 같아 너무 미안하더라. 이럴 줄 알았으면 말이라도 예쁘게 해주고, 하고 싶은 거 하라 그럴걸."

부모, 배우자, 자식, 연인, 친구나 동료, 반려동물에 이르기까지, 중요한 대상을 (죽음으로) 잃은 내담자들과 애도 상담을 하다 보면 다 비슷한 넋두린데, 하나같이 처연하게 이렇게 말한다. "다른 사람 신경 쓰지 말고 그에게 더 잘 해줄 걸… 말이라도 한마디 곱게 해줄 걸…"이라고 말이다.

나도 그랬다. 20대 때 갑자기 세상을 떠난 후배. 동아리 일로 구박했던 그 전날의 통화에서 내가 그녀에게 뱉은 조사 하나까지 생생히 떠오르며, 한동안 참 많이 괴로웠다. 30대 땐 암으로 세상을 떠난 숙모에게서 영어 과외를 받으며 짜증을 일삼던 중학생 시절의 내 퉁명스러운 표정과 싸가지 없던 입이 떠올라, 할 수만 있다면 확 몇 대 때려주고 싶었던 적이 한두 번이 아니다. 40대 땐 오래 요양병원에 누워 계셨던 외할아버지를 한두 번이라도 더 찾아뵐지, 뭘 그리 바쁜 척 유세를 떨었나 죄송스럽기 짝이 없었다.

그러고 보면 우리가 떠난 이들에게 미안하고 후회하는 것들 중 거창한 거라곤 하나도 없다. 비싼 집이나 자동차도, 번지르르하게 대접하는 화려한 선물도 아닌, 그저 사소하고 소소한 것들이다. 따뜻한 말 한마디, 한 번 더 만나고 챙겨주는 손길일 뿐이다. 그런데도 우린 왜 살면서, 같이 지내며, 바로 가까이 있는 그에게 되레 더 못할까. 어째서 "나도 밖에선 잘해. 집에서만 이러는 거야"가 '국룰'이 되었을까. 늘 보니까, 항상 함께 할 거라 여겨지니까 등의 이유를 대는데 다 맞다. 그리고 여기에 하나 더 얹어본다. 애꿎은 이들에게 쓰느라 정작 써야 할 때 쓸 내 마음의 배터리가 다 닳아 버려서라고. 그러니 가까운 이에겐 피곤하고 지친 상태로 돌아가서는, 배터리 충전을 핑계 삼아 온갖 짜증을 내고, 모진 말로 상흔을 입히고, 혼자 내버려두라고 소리치며 방문을 닫는 거라고. 불과 조금 전까지 그 누군가에겐 그토록 웃어주고 그렇게 다정했으면서 말이다.

오늘도 누군가에게 친절과 아량을 베풀었다고? 배려와 호의를 퍼주었다고? 그러고 나서 뿌듯하고 좋았다면 됐다. 하지만 오히려 참 못났다, 별로이다 여겨질 때도 분명히 있을 것이다. 대체로 남들에겐 그렇게 잘해 놓고, 정작 자기에게 귀한 누군가 혹은 무언가(그것이 관계든, 시간이든, 내가 해야 할 일이나 목표든)는 뒷전이 되었을 때 그렇다. 그때 우린 자기혐오에 바짝 마주서게 된다. 더욱이 그 대상을 잃었을 때는, 돌이킬 수 없단 불가역성이 죄책감까지 들게 한다.

소진, 번아웃. 다 타서 없어진 것 같은 정신적 에너지 고갈 상태를 말한다. 흔히 일이나 과제(직무 소진)로만 생각하는 경향이 있는데, 엄연히 '관계 소진'이란 것도 있다. 오랜 시간 대인관계 내에서 자신의 기대나 욕구가 충족되지 못해 절망감이 지속될 경우 발생하는 심각한 고갈반응을 뜻한다. 관계에서 기가 쪽 빨려 너덜너덜해진 상태인 거다. 그런 상태로는 내게 귀한 것들에 친절과 아량을 베풀기 어렵다. 집 밖에선 사회적 가면의 힘으로라도 억지 미소를 지을 수 있지만, 집 안에서 날 것이 되면 곧 0%로 꺼지기 일보 직전인 배터리가 깜박깜박 그대로 드러날 수밖에 없기 때문이다.

그러니 때론 내가 지금 낭비하고 있는 관계는 없는지 살펴보고, 있다면 단호하게 몇 개는 싹 거둬들일 필요가 있다. 주로 퍼주고 억울해지고, 해주고 미심쩍은 그런 관계들이다. 그렇게 아낀 마음으로 가까운 이들, 내가 더 다정하고 친절해야 할 이들, 바로 내집단(in-group, 가족 등 '우리' 관계에 있는 내부인)에게, 혹은 외집단(out-group, 내가 소속되어 있지 않은 외부인)일지언정 진짜 도움이 필요한 약한 존재들에게 더 관대하게 베풀며 살아가면 된다. 넓게 다 챙기려 말고 좁게 제대로 다지는 거다.

쓰다 보니 나도 떠오르는 이가 있다. 오늘도 퇴근길 술을 당겨 하는 남편이다. 어쩌겠는가. 미우나 고우나 일단 이 인간이 나의 내집단 1순위인걸. 그러니 오늘은 "또 술이야?" 구박 대신, "그래, 오늘도 고생했는데 맛있는 거 먹자"라고, 말이라도 따뜻하게 건네봐야겠다.

{ 안 본 눈, 낯선 눈, 반만 뜬 눈으로 }
관대함으로 관계를 이어가는 법

소통 전문가로 잘 알려진 김창옥 씨가 언젠가 방송에서 한 얘기가 있다. 인상적이었던 터라 내 강의에서도 종종 써먹곤 한다. 어릴 적 용돈이 궁했던 김창옥 씨는 영어 사전을 사야 했는데 그 참에 "엄마, 사전 하나 사게 얼마 주세요"라고 했다. 그리고 또 며칠 뒤 "엄마, 딕셔너리 사게 얼마 주세요"라고 했다. 그리고 이런 식으로 몇 번을 했단다. 학력이 짧은 어머니를 속여 소위 삥땅을 친 거다. 그땐 어린 마음에 공돈 얻는 맛만 있었는데, 세월이 흘러 자신이 부모가 되니 알겠더란다. 그때 어머니가 속아주셨다는걸 말이다. 아들내미의 거짓말을 '아직 어리니 그럴 수 있지, 저러다 말겠지' 하고 그냥 못 본 척해주셨던 거고, 그건 김창옥 씨에게 수용 받는 경험이 되고 자신감도 갖게 해주었단 것이다.

대인관계에서는 일명 '3개의 눈'이 필요한 거 같다. 눈이 3개라고? 100개의 눈으로 모든 것을 지켜보는 능력이 있는 아르고스처럼 하란 건가? 이렇게 연상되었다면 오히려 정반대다. 못 본 척하고(안 본 눈), 생전 처음 본 것처럼 보고(낯선 눈), 아예 눈을 흐리멍덩하게 뜨면서 필요한 정보만 대충 걸러 보라는(반만 뜬 눈) 의미다.

흔히 '두 눈 똑바로 뜨고(정신 차리고) 살아야 한다'라고들 말한다. 상담 기법에서도 '직면^{confrontation}'이라는 개념이 이에 가깝다. 내담자로 하여금 자신의 삶을 정확하고 솔직하게 바라보도록 하는 방법이다. 말 그대로 똑바로 보게 하는 것이다. 자신이나 타인의 상태 인식, 객관적인 상황 판단, 사회적인 이슈나 세상살이에 대한 올바른 해석 등 모든 면에서 직면은 분명 중요하고 필요하다. 하지만 인간관계에서만큼은 꼭 직면 만이 능사는 아닌 듯싶다. 때론 적당히 에둘러 피해 가는 것도 필요하다는 것이다. 한두 번 보고 말 사이도 아니고 계속 볼 사이의 관계, 주로 가족이나 친구들, 회사 동료들과의 관계에서라면 더더욱 그렇다.

이를테면 상대방의 실수나 사소한 잘못은 그냥 좀 눈감아 주는 것(안 본 눈), 상대방의 마땅한 역할이나 행동도-음식물

쓰레기 버리기는 남편, 탕비실 청소는 막내 A, 숙제는 학생인 자식 놈의 당연한 일이라 하더라도—어쩔 땐 처음인 양 고맙게 반응해 주는 것(낯선 눈), 내가 싫어하는 언행에만 초점 맞출 게 아니라 단점은 모자이크 처리해 버리고 흡족한 것에만 줌 인 해 보는 것(반만 뜬 눈). 결국, 이 3개의 눈은 '관대함'이다. 다른 사람의 허물 따위에 갖는 넉넉한 마음 말이다. 김창욱 씨 어머니가 김창욱 씨에게 보여준 것과 같은.

부부 문제로 상담실을 찾아온 30대 여성 K 과장. K는 자기 중심적인 데다 자기주장이 강하고 상대를 무시하는 막말은 일쑤요, 자존심은 더럽게 센(K의 표현이다) 남편에 대한 미움이 잔뜩 차 있는 상태였다. 두어 회기 내내 남편의 미운 구석들, K의 입장에서 보면 너무 어이없는 에피소드들을 들어주고 공감해 주던 중 3회기 즈음 해서였나, 나는 그에게 이런 피드백을 해 주게 됐다.

"그런데 K 씨, 가만 듣다 보니 남편분이 참 이기적인 구석이 많긴 해도 주말엔 어디 놀러 가거나 골프를 치러 나가지도 않고, 항상 집에 있으면서 K 씨와 애들이랑 마트도 다녀오고 애들 공부도 봐 준다니 말이에요. 가정도 뒷전인 아주 못돼 먹은 사람만은 아닌 거 같은데요?"

순간 동그래진 그녀의 눈. 사실 별거 아닌 팩트를 짚어준 말이었는데도 K 과장은 미처 생각 못 한 지점이었다며 한참 침묵을 지켰다. 그러고 나서 이어진 말.

"그러고 보니 저도 모르게 남편의 안 좋은 점만 봤네요. 사실 매사에 자신감이 넘치고 자존심도 센 주도적인 스타일의 남편이 매력적이어서 결혼을 한 것이었거든요. 그리고 선생님 말대로 이기적이긴 해도 가정엔 충실한 편이고요."

그날 이후로 K는 남편에게 약간씩 누그러진 마음을 내비치기 시작했다. 남편과 헤어질 마음까진 없었기에 K에겐, 일종의 '반만 뜬 눈'이 필요했던 것이다.

우리도 들여다볼 일이다. 지금 어떤 이와의 관계가 고민된다면, 그걸 싹둑 잘라낼 것이 아니라면 내게 어떤 눈이 특히 필요한지. 안 본 눈? 낯선 눈? 반만 뜬 눈? 그도 아니면 셋 다?

슬쩍 또 유명인에 기대보며 이 글을 매듭지으려 한다. 이번엔 법륜 스님이다. 〈즉문즉답〉이라고 방청객들이 묻는 고민에 스님이 바로 해결책을 제시해 주는 프로그램이 있다. 회를 거듭해 보다 보면 생활 습관, 술버릇, 잠버릇, 식습관 등등 가족이 가진 문제들로 인한 고통을 호소하는 질문자들을 심심찮게 볼 수 있다(왜 그렇지 않겠는가?). 그들에게 답하는 스님의 메시지는 다음과 같다.

"뭘 너무 그렇게 문제 삼지 마세요. 내가 그냥 탁, 별거 아니라고 마음먹잖아요? 그럼, 별거 아닌 게 됩니다. 그런데 그걸 문제 삼잖아요? 그럼, 정말 더 큰 문제가 되는 겁니다."

{ 너 하고 싶은 거 다 해 }
지지적 관계를 통해 자존감 만드는 법

쌍둥이 동생과 '악뮤'로 대중적인 인기를 이어가고 있는 가수 이찬혁. 작사, 작곡, 프로듀싱에 그림에다가 소설까지 못 하는 거 없는 그가 좋아하는 최고의 찬사는 뭘까. 정규 음악을 배운 적도 없는 천재 싱어송라이터? 표절 논란 1도 없는 독창적인 예술가? 아니, 어쩌면 '찬혁이 하고 싶은 거 다 해'일 것이라고, 강한 확신을 가지고 짐작해 본다. 독특한 헤어스타일과 패션은 애교로, 무대에서 내내 뒤돌아 노래를 부르고 반삭발 퍼포먼스를 한다든지 〈전국노래자랑〉이나 〈딩동댕 유치원〉과 같은 프로그램에 맥락 없이 출연하는 식의 파격 행보에도 불구하고 팬들이 보내는 응원의 메시지 말이다. '뭘 해도 예뻐. 그러니 찬혁이 너 하고 싶은 거 다 해!'

물론 최근엔 그 정도가 심해 일부 팬들조차 '찬혁이 하고 싶은 거 이제 그만해' 식의 만류도 한다지만, 그렇다고 얌전(?)해지지 않는 것 보면 그의 자존감이 높은 것도 있겠지만, 그에 대한 팬들의 저 마음이 여전하다는 것 아니겠는가. 어쨌든 대중의 사랑을 먹고 살아가야 하는 연예인이 대중의 반응을 완전히 외면하기란 어려울 테니 말이다. 그의 높디높은 자존감도 따지고 보면 이렇게 '하고 싶은 거 다 하라'며 전폭적인 지지를 보내주는 팬심에서 더 두터워진 것이 아니겠는가. 자존감은 지지적 관계 supportive relation, 그러니까 '내 편'이 있으면 더 견고해지는 법이니까.

그런 의미에서 내게도-살짝 오글거리지만-'시영이 하고 싶은 거 다 해'라고 지지해 주는 내 편이 몇 있다. 우선 이전 직장의 대표님이 그렇다. 30대 초반에 입사해 근 4년을 일하고 퇴사한 뒤, 40대 후반에 이른 지금까지도 일 년에 한두 번은 만나 함께 식사를 하는, 대표님 표현으로는 '나이를 뛰어넘은 친구'다. 일할 때는 '하고 싶은 대로 해 봐'로 봐주시더니, 박차고 나올 때도 '그래, 더 큰 데로 간다니 말릴 수 있나. 네 뜻을 펴'라며 거들어주셨고, 이후로도 언제나 '시영인 잘될 거야'라고 격려해 주셨으니 이런 내 편이 세상 어디 또 있을까.

친언니들도 그렇다. 7살, 2살 터울인 언니들은 어릴 적엔 그렇게 얄밉고, 질투 나는 싸움의 대상이었는데 커서는 정겹기 그지없어서, 늘 '지금보다 더'의 마음을 갖게 하는 부모님보다 '지금도 괜찮아'라는 마음을 갖게 하는, 편안한 내 편이 되어준다.

마지막으론 후배들이다. 원체 이들이 공감과 지지의 아이콘인 것도 있겠지만 내가 그래도 몇 살 더 먹은 사람이라고 경로 우대까지 더해져 아주 곱절로 후해지는 내 편이 된다(이런, 이제서야 마지못해(?) 남편이 떠오르는 걸 보면 역시 남편은 '남의 편'인가 보다).

자존감 짱짱한 사람이 되고 싶은가? '나도 이 정도면 괜찮지, 뭐'라고 생각할 수 있는 셀프 찬사도 필요하다. 하지만 '너 하고 싶은 거 다 해'라고 나에게 찬사를 건네줄 수 있는 사람도 꼭 필요하다. 설령 그의 찬사가 나의 부족함이나 과함을 알면서도 모른 척해주는 것이고, 듣는 나 역시 은연중에 그 진실을 알고 있음에도 속아 주는 '서로 간의 거짓'이라고 할지언정, '하고 싶은 거 이제 그만해'는 스스로 찾아갈 수 있을 거라면서 믿고 기다려줄 수 있는, 더 짱짱한 팬심이 주위에 있어야 한다.

그래서 상담에서도 많은 고통과 혼란을 느끼는 내담자들에게 확인하는 걸 잊지 않는다. '지금 그래도 내 편이 되어주는 사람 누가 있냐'라고 물어본다. 만약 떠오르는 이가 있다면 그와 가능한 많은 시간을 보내라고 한다. 하다못해 전화나 SNS라도 하면서 연결되어 있으라고 한다. 그조차 없다면? 공감의 댓글이 넘쳐나는 사이트를 찾아 글을 올려 댓글로 위로 세례라도 받으라고 한다.

자존감이란 나의 것이지만 남의 것이기도 하니까. 그래서 그런 말이 있는 거다.

"우리의 자존감은 타인의 시선을 통해서 형성된다."

{ 입추 같은 존재감으로 }
남의 편이 되어주는 법

앞서 '내 편' 얘길 했는데 이번엔 나는 과연 '누군가의 편'이 되어주고 있느냐에 대한 이야기를 하려고 한다. 먼저 날씨를 들먹이자면, 이 글을 쓰고 있는 계절은 한여름이다. 더욱이 올해는 최악으로 일컬어지는 2018년보다도 폭염 일수가 많아 역대 최고를 기록할 것이란 말이 심심찮게 나올 정도로 진 빠지는 더위다. 이 와중에도 착실히 시간은 가고, 내일이 벌써 입추라는 소식을 들었다. 그런데 옆 동료가 알쏭달쏭해한다. "그런데 입추는 왜 있지? 말복이나 처서 정도는 되어야 그나마 더위도 꺾인다 그러고, 아직 이렇게나 더운데 말이야."

듣고 보니 그렇다. 입추는 양력으로 보통 8월 7일이나 8일 정도다. 그야말로 가장 더울 때다. '가을에 들어가는' 날이라

일컫기에는 너무 덥다. 오늘 날씨만 봐도 아침부터 푹푹 찐다. 최고 온도는 35도란다. 뭐지? 급 호기심이 생겨 '입추'를 검색해 보니 아니나 다를까, '더위는 기승이어도 곧 가을이 찾아올 것이란 뜻으로 알고 일찌감치 기분 전환한다고 생각하는 날'이라고 한다. 표현이 너무 재미있다.

그러고 보니 또 그렇다. '아이고 더워, 더워' 하다가도 입추라고 생각하면 살짝 기대되는 마음도 들고, 아침엔 좀 선선해진 거 같은데? 라며 더 잘 속아줄 준비가 되니 말이다. 그러면서 문득 생각이 또 뻗어갔다. 그래, 누군가의 편이 되어준다는 건 어쩜 그에게 '입추 같은 사람'이 되어주는 것일 수도 있겠네. 본격적으로 더위를 끝내야 할 거 같은 말복의 의무감이나 조석 시간으로 선선한 바람을 불어줘야 할 거 같은 처서의 부담감도 없는.

카네기멜론대학교 심리학과 쉘던 코헨Shelden Cohen 교수는 한 개인이 스트레스 상황을 더 잘 대처할 수 있도록 돕는 '사회적 지지social support'에는 다음과 같은 4가지 형태가 있다고 정리했다.

- 정서적emotional 지지
- 도구적instrumental 지지
- 정보적infomational 지지

- 동반적companionship 지지

보통 우리가 남의 편이 되어주고자 할 때, 그 마음과는 달리 딱히 해줄 수 있는 게 없어 막막해질 때가 많다. 이를테면 그가 10억이라는 큰 빚으로 허덕이고 있는데, 당신이 대신 갚아줄 수도 없고(도구적 지지 불가능), 암으로 투병하고 있는 그녀보다 더 많이 알아봤을 리는 만무하다(정보적 지지 불가능). 그러니 우리가 할 수 있는 게 바로 정서적, 동반적 지지다. 그저 그이의 곁에 맴돌며 있어 주다가(동반적 지지 가능), 지쳐 보이면 쓱 다가가 "많이 힘들지? 그래도 좀만 참아보자, 곧 가을이 찾아올 거야"라고 기분 전환할 수 있는 말을 건네주는 것(정서적 지지 가능). 그이에게 살랑, 기대되는 마음과 슬쩍, 희망의 눈속임 정도 불어넣어 주는 것 말이다.

힘겨운 등산길, 숨이 턱까지 차오르지만 내려오는 등산객이 환한 미소로 "얼마 안 남았어요. 이제 15분만 가면 돼요"라고 말을 건네주곤 한다. 그럼 그 15분이 새빨간 거짓말인 줄 알면서도 어쩐지 진짜 곧 정상에 닿을 거 같으면서 다리에도 불끈 힘이 솟는다. 내가 그런 존재가 되었을 때 내 입꼬리도 씨익 기분 좋게 올라가고, 내려와 마시는 막걸리 한 잔이 유독 맛있게 느껴진다.

상담실에서도 많이 이야기되는 게 있다. 사랑하는, 그런데 힘들어하는 누군가를 위해 자신이 어떻게 해야 하냐는 것이다. 그들은 묻는다. "제가 그에게 뭘 해주면 좋을지 모르겠어요." 남편이 암 선고를 받은 친구에게, 결국 이혼으로 결혼 생활을 마감하게 된 형제에게, 소중한 아이를 먼저 떠나보낸 지인에게, 한 번의 실수로 빚더미에 앉아 이번 달 월급도 압류가 되었다는 후배에게, 살아온 게 다 허무하고 우울하기만 하다는 늙은 부모에게.

그러게, 우린 무얼 해줄 수 있을까. 우리가 의사도 아니고, 심리학계의 척척박사도 아니고, 그렇다고 큰돈 턱턱 빌려줄 수 있는 갑부도 아니고, 하다못해 비슷한 경험이 있는 것도 아닌데 말이다. 그저 막막할 수밖에.

그렇지만 의사였다 한들, 척척박사라고 한들, 갑부나 비슷한 경험이 있었다고 한들 또 얼마나 다르겠는가. 그들을 만나 상담을 한다고 하는, 그래서 전문가라고 하는 나 역시 마찬가지다. 결국 그의 인생을 대신 살아줄 수는 없는 것을. 그의 밥을 대신 먹어줄 수도, 그의 똥을 대신 싸줄 수도 없는 건 매한가지다. 그러니 각자의 수준에서 할 수 있는 것을 하는 것 말고는 방법이 없다. 그나마 특별한 기술이나 대단한 자원이 없어도 할 수 있는 동반적 지지와 정서적 지지를 보내는 것 말이다.

실제 자살의 위험성을 감소시키는 생존 요인에 대한 연구들을 살펴봐도, 가족을 포함한 사회적 지지는 다양한 생활 스트레스로 인해 발생하는 부정적 정서를 경감시키며, 자살의 위험 수준을 감소시키는 중요한 요인으로 입증되어 왔다.[11] 생을 그만두고 싶을 정도의 극심한 고통과 힘겨움에 처한 이들 역시 주위의 가족과 친구, 동료 등이 내어주는 옆자리, 손짓과 대화로 다시 살고자 하는 의지를 내고 위기를 극복했다는 것이다. 그러니 좀 더 자신 있게 동반적 지지와 정서적 지지를 보낼 일이다.

{ 말은 더하지 말고 빼기 }
부부간 파국화를 막는 법

관계에 대한 이야기를 이렇게 많이 하게 될 줄은 몰랐다. 의도한 바는 아니지만(심지어 목차를 짤 땐 한 편뿐이었다), 그만큼 나란 사람이 괜찮기 위해선 누군가 날 괜찮다고 여겨줘야 하는 걸 반증하기 때문이 아닐까 하고 생각한다. 그리고 그 누구의 최고봉은 어릴 적엔 부모, 자라면서는 친구나 이성, 성인이 되어 결혼을 한 이후엔 배우자다. 그러니 보통 '사랑해 사랑해' 여섯 글자로 시작했다가 '안 맞아 안 맞아'라는 여섯 글자로 살아가곤 하는 부부가(우리 집만 그런 거 아니겠지? 허허), 서로를 괜찮은 사람이라 여기고 여겨지게 하고 있는가는 매우 중요한 과제다.

그리고 이 과제를 더 어렵게 만들고, 최악의 경우 끝내 포기하게 만드는 건 단연코 '말'이다. 서로에게 비수가 되어 꽂히고, 서로의 세상을 저 멀리 나락으로 떨어뜨리는 말. 흔히 이런 말에는 공격적 언행이나 비난, 경멸만 있다고 생각하는 경향이 있다. 이를테면 '나가 죽어라!', '넌 무능하다, 못났다', '당신을 증오한다'와 같이 정면에서 푹푹 베는 것들. 설마 내가 하는 말이 이 정도는 아니라며 안심했는가? 그럼 이런 건 어떤가.

'당신은 항상/늘/매번 그런 식이야, 한 번도 제대로 한 적이 없어'(일반화), '너 옛날에도 그랬잖아. 당신은 지난번에 안 그랬어?'(과거 소환), '그래, 너 잘났다, 애들이 당신 보며 참 좋은 거 배우겠다'(비아냥, 비꼬기), '신경 꺼, 내가 알아서 할게, 맘대로 해'(무시, 무관심, 냉소), '내 친구 남편/아내는 너처럼 안 해, 우리 아빠/엄마는 그런 적 없어'(비교), '또 그래 봐. 그땐 끝이야!, 어디 두고 봐, 내가 가만있나'(위협, 협박), '야, 너네 집이 더 이상해, 너 하는 게 딱 장모님/어머님과 똑같아'(원가족 비난), '너 때문에 내 인생이 이 모양 이 꼴이야/망했어/최악이야, 차라리 죽는 게 낫겠다, 나도 좀 살자'(과장, 극단)와 같이 교묘하게 샥샥 찌르는 것들.

'관계난기류 이론relational turbulence theory'이라는 게 있다.[12] 관계난기류, 즉 부부가 관계에 대해 어떻게 종합적으로 평가하고 있는가를 의미한다. '지금 우리, 이대로 괜찮나?'에 대한 답을 찾는 것이라고 보면 된다.

　부부는 출산, 질병, 이사 등과 같은 여러 사건들을 함께 경험하며 소위 관계 과도기를 수시로 겪게 된다. 그리고 이런 관계 과도기에는 그런 사건들에 대한 각자의 인지적 평가, 감정의 강도, 의사소통이 상호작용한 영향을 많이 받게 된다. 이 중에서도 특히 '소통'이 차지하는 역할이 크다는 게 이 이론의 설명이다. 실제 장기화된 코로나19로 인한 부부간 관계 변화를 분석한 결과, 부부간 소통 정도가 높을수록 부부 관계 난기류 정도가 낮은 것이 확인됐다. 즉 서로 대화에 참여하고 그 내용이나 방식이 긍정적일수록 부부관계에서 평온함과 안정감을 느낀다는 것이다.

　당신의 부부 관계 난기류는 어떤가? 점수를 준다면 몇 점 정도인가? 100점 만점?(와, 비법 좀 알려주십쇼!) 80점? 그럼 몇 점 정도면 아예 못 살 정도의, 즉 끝장내버려야 하는 관계라고 생각하는가? 30점? 20점? 아니다. 빵점 짜리 부부여도 부부는 충분히 살 수 있다. 왜? 당장 부부관계가 좋지 않다고 해서 바로 헤어질 수 있는 게 아니니까. 비록 지금은 빵점이더라도 부부는 자식 때문에, 돈 때문에, 이혼녀/이혼남이 되는 건 두렵기 때문에, 예약해 둔 여름휴가 계획 때문에, 겨울이면 다가오는 장모님/시부모님 팔순 잔치 때문에, 하물며 이번 주말에 같이 가야 하는 결혼식이 있기 때문에도 살 수 있다. 그런 게 생활, 살 生, 살 活, 즉 사는 것이다. 그래서 어젯밤엔 미치도록 미웠어도 아침이 되면 다시 '저 인간'을 다시 보게 되고 밥을 먹고 아이들 건사도 하는 거니까. 또 지금 부부관계가 좋지 않다고 해서 영원히 안 좋으리라는 법도 없기 때문이다. 어찌저찌 하루가 가고 이틀 삼일이 가다 보면 '그래도 저 인간이라도 있어서 다행'이라거나 '이런 건 고맙지'란 생각이 스치기도 하고, TV를 보다 같이 웃는 일도 생기면서 슬쩍 30점 정도는 줄 수 있게 되니까 사는 거다. 무릇 부부란 들쑥날쑥 점수가 낮아졌다 높아졌다 하면서, 영원히 100점일 수도 없지만 영원히 빵점일 수도 없는 관계이니 말이다.

경험치이긴 하지만 지금껏 이혼을 고민하며 상담실을 찾아와 만나게 된 많은 부부들 중 막상 이혼 도장을 찍은 부부는 열에 한둘 꼴에 그친다. 실제 통계청이 발표한 〈한국의 2023년 혼인과 이혼 통계〉를 살펴보면, 연령별 이혼율은 남성은 40대 후반, 여성은 40대 초반에서 가장 높았다. 혼인 지속 기간은 5~9년이 가장 많았고(18.1%) 4년 이하가 18%, 30년 이상이 16% 순으로 나타났다. 결국 아예 초장에 끝내거나, 살다 살다 애들 다 결혼시키고 소위 황혼 이혼을 하는 경우가 아닌 바에는 부부가 10년 이상 같이 살게 되면 이혼이라는 선택은 덜

한다는 얘기다. 그 정도 되니 관계가 안정되고 좋아지는 것도 있겠지만, 대체로 저 연령대에 속하는 부부의 자녀가 청소년임을 감안하면, 여러모로 이혼이 더 어려운 선택지가 된다는 해석도 가능하다. 비록 책 제목이기도 한 '결혼은 신중하게, 이혼은 신속하게'(이지훈, 21세기북스)가 맞는 말일지라도 말이다. 시대와 인식이 바뀌어 이혼이 예전보다 많이 늘었다 해도 여전히 이혼은 어려운 거다.

그래서 내가 만나온 많은 부부도 열에 열은, 비록 이혼까지 생각하고 상담실 문을 두드렸을지언정, 그때조차도 '그래도 우리, 다시 좋아질 수도 있지 않을까?'에 대한 기대와 희망, 혹은 절박함이 있었다. 그러니 이럴 때의 상담은 "치료는 동토에 떨고 있는 환자에게 봄을 가져다주는 것"[13]으로, 아주 옅디옅은 봄바람의 끝자락이라도 잡아내 불어주는 쪽이 되어야 한다. 관계의 기류라는 것은 고정불변하는 것이 아니라 서로가 나누는 말의 온도나 작은 친절, 사소한 터치만으로 그 흐름이 바뀌기도 하는 것이니 말이다.

그러니 당신에게도 언젠가 부부관계가 빵점 언저리로 점수가 낮아지는 때가 오면? 그럼에도 아직은 확 더 떨어지게 하고 싶진 않단 의지, 애정, 혹은 미련이 있다면? 그런데 더 이상 내가 뭘 어떻게 해야 할지 모르겠다면? '저 인간이 바뀌면 된다'

거나 '자존심 상하게 내가 왜 먼저 그래야 하는가' 류의 그닥 의미도, 효과도 없는 얘기 같은 건 굳이 입 아프게 하지도 말고, 그 아낀 힘으로 일단 내 입단속부터 해보자. 앞서 같이 봤던 교묘하게 샥샥 찌르는 말들, 혹은 정면에서 푹푹 베는 말들 중 내가 무의식적으로, 혹은 습관적으로 많이 하는 말. 일단 그것부터 찾아 당장 '입꾹닫(입을 꾹 닫는다)' 해보는 거다.

그러니까 뭘 더 하는 게 아니라 하지 않는 것, 가뜩이나 힘든데 뭘 더 하려고 안 되는 마음을 억지로 끄집어내 애먹는 게 아니라, 그저 지금 내가 하고 있는 것 중에서 안 하는 것을 선택하는 것이다. 더하라는 것이 아니고 빼라는 것이다. 그렇게 빼기만 잘해도 부부관계의 살얼음에 살짝 훈기가 돈다. 한층 윤택해진다. 그러다 보면 또 살게 된다. 그럭저럭 생활하게 된다. 그러다 또 웃는 날이 오는 것이다.

내 마음을
더 키웁니다

더 괜찮은
나를 위한 키워드 셋

어릴 적부터 나는 나보다 나이 든 사람들의 생각이 참 궁금했다. 내가 가야 할 길을 먼저 가 본 인생 선배들의 경험을 듣고 싶은 마음에서였을 것이다. 그들은 지금 어떻게 살고 있는 걸까, 혹은 살아지는 걸까? 이 길은 어떻게 지나갔을까? '너도 한번 당해봐라' 하는 심보가 아니라면, 뒤따라오는 이가 좀 더 편하고 낫길 바라는 마음에서 어떤 조언을 해주고 싶을까?

싹수라면 싹수였을까. 아주 어릴 때도 이모나 삼촌, 친척 어른들이 애들 다 재우고 술 한잔씩 하는 밤이 되면, 나 역시 애면서도 그들이 무슨 얘기들을 하는 지가 너무 궁금해 자리 하나 떡 하니 차지하곤 귀를 쫑긋 세우고 듣다 꾸벅꾸벅 졸곤 했다. 철 좀 들어갈 땐 앞에 있는 이가 한두 살만 많아도 곧잘 "그 나이 되면 어때요?"라거나 "지금 내게 조언 좀 해주세요"라고 졸라대곤 했다. 그러니까 어릴 적부터 울 언니의 꿈이 '엄청 큰 집에 운전기사도 있고 엄마아빠 세계여행도 많이 시켜줄 수 있는 부자가 되는 것'이었다면 나는 '훌륭한 사람이 되는 것'이었는데, 그 막연하고도 추상적이기 짝이 없는 이 꿈엔, 지금 생각해 보건대 어쨌든 늘 조금이라도 더 괜찮은, 소위 멋지고 존경받을 만한 성숙한 어른이 되고 싶다는 열망이 늘 있었던 게 아닌가 싶다. 써놓고 보니 아뿔싸, 진짜 꿈도 야무졌다. 차라리 부자가 되고 싶단 게 어쩌면 더 현실적이었을지도 모르겠다. 성숙한 인간이 되겠다는 건 얼마나 큰 환상이자 야심이던가.

어쨌든, 그래서인지 소위 어른의 나이가 되어서도, 이내 오십줄에 접어들게 될 이 나이가 되어서도 '나도 저렇게 되고 싶다. 저렇게 나이 들고 싶다.' 이런 생각이 절로 들게끔 하는 멋진 사람들을 보면 넋을 놓고 흠모란 걸 한다. 그런데 가만 보니 대체로 그들에겐 공통점이 있었다. 하루하루를 검박하게-이것도 그들 중 누군가의 표현이다. 즉, 검소하고 소박하게-즐겁게 살려고 하고(오늘을), 넉넉한 품으로 누군가에게 보탬이 되려 하는 것이다(누군가와 함께). 마지막으로는 영원히 살 것처럼 너무 아등바등 하지 않고, 영원히 살 수 있는 것도 아니기에 때론 흔들릴지언정 금세 평온을 되찾는다는 것(죽음을 기억하며)이다.

이건 동서고금을 막론하고 비슷한 거 같은데 70세에 독학으로 화가의 인생을 시작한 미국의 모지스 할머니^{Grandma Moses}가, 미국까지 가지 않아도 우리나라 지척에는 70대 유튜버 '밀라논나'나 104세 철학자 김형석 연세대 명예교수가 그렇다. 그리고 그들의 멋진 삶을 관통하는 맥에는 언제나 돈, 명예, 권력이 아니라 앞서 말한 대로 '오늘', '함께', '죽음'이 있다.

그런 날이 있잖은가. 나도, 오늘 하루도 되게 '기깔났다'고 느껴지는 하루 말이다. 그래서 혹시라도 지금 죽게 되더라도 아쉬울 건 없겠다고 여겨지는 그런 날. 그런 날은 아마도 이렇지 않을까. 좋아하는 이, 말이 통하는 이와 깔깔대며 참 많이 웃어 즐거웠던 날, 아니면 내가 누군가에게 요만큼이라도 도움을 주었구나 싶어 뿌듯한 날, 평온한 마음으로 시간을 알차게 보냈다 싶은 날. 어쩌다 이 삼박자가 다 이뤄진 날이면? 그럴 땐 정말 행복과 감사가 절로 떠오르면서 곱절로 표정이 환해지고 잠도 솔솔 오는 거다. 뭐, 수십억 로또 당첨이나 후대에 길이 남을 엄청난 성취 같은 건 겪어본 적이 없으니 그런 거라며 시시하다고 비웃을 수도 있겠다. 그런데 까놓고 말해서 그런 대박을 살면서 누가, 얼마나 경험하겠는가? 그러니 그래봤자, 그럼에도 그런 날인 거다. 우리에게 참 좋은 날이란 말이다.

이제 그런 이야기를 하려는 참이다. 좀 더 괜찮은 나, 좀 더 나은 인생을 바라는 어른이라면 이런 걸 지척에 두고 살아보자 하는…. 앞서 말했듯 동서고금을 막론하고 멋진 인생 선배들이 먼저 전해주던 키워드 세 가지를 품고 말이다. '오늘', '함께',

'죽음'이라는 세 가지 키워드.

   즉, 어제도 내일도 아닌 그저 오늘을 즐겁게.

   기왕이면 누군가도 함께.

   죽음을 기꺼이 품고 현재를 더 '기깔나게' 살아가는 어른으로.

{ **다 투사다!** }
내 마음의 필터부터 관리합니다

　상담 심리 공부를 하면서 인상 깊게 읽었던 책 중 하나로 원로 정신의학자인 소암 이동식 박사가 쓴 《도(道) 정신치료 입문-프로이트와 융을 넘어서》가 있다. 이쪽 방면의 관련자가 아니더라도 어쩐지 제목에서도 느껴지지 않는가? 도道. 충분히 동양스럽고, 심리학을 몰라도 한번은 들어봤을 그 프로이트와 융을 넘어선다니 뭔가 대단히 대단할 것 같은 느낌이.

　그렇게 느끼셨다면 제대로 느끼신 건데, 이 정신치료학이라는 게 이동식 박사가 평생 연구한 결과물의 총체로, 정신문화에 엄연히 동서양의 차이가 있는데 서양의 방식만 옳고 좋다 여기고 따르며 치료하는 데 문제의식을 느껴, 동양의 정신문화에 기반해 독자적인 이론과 실제를 정립했다는 데 그 의

의가 매우 크다. 하지만 이런 건 전공자들만 알면 되는 사실이고, 내가 하고 싶은 이야기는, 그의 이론 중에서 '정신치료 또는 수도의 최종적, 궁극적인 지상至上의 목표'에 관한 부분으로 '갈등을 일으키는 투사를 없애는 것'이란 대목을 소개하고 싶어서다.

상담은 상담자(치료자)와 내담자 두 주체가 함께하는 상호작용이다. 그래서 통상 문제를 가져오는 내담자뿐만 아니라 그 문제의 해결을 돕는 상담자 역시 중요한 축을 담당하는 한 주체가 된다. 따라서 상담자는 건강하고 성숙한 상태로 존재해야 하는 것인데, 이는 어느 이론에서나 강조하는 기본 원리이긴 하다. 그런데 이동식 박사의 정신치료에서는 특히나 상담자의 자기 수양이 치료의 99%임을 강조한다. 그 수양이라는 것의 핵심은 '상담자 자신부터 투사를 멈추고 현실(또는 내담자의 말)을 그저 바로 보는 것'이다. 그저 내담자의 문제를 해결하면 되겠거니 하고 쉽게 생각할 수도 있는데, 오히려 상담자가 투사를 멈춰야만 내담자의 문제 해결이 가능해진단 얘기다. 그렇다면 그 정도로 중요한 '투사'란 게 대체 뭘까?

'투사projection'는 앞서 1장에서도 잠시 소개한 적 있다. 이는 받아들일 수 없는 자신의 충동이나 생각을 외부 세계로 옮겨 놓는 정신 과정을 뜻한다. 내 생각, 감정, 소망 등을 타인이

나 외부로 옮겨 마치 그가 그런 특성을 가지고 있는 것처럼 여기는 방어기제인 것이다. 쉽게 말하자면, '내 것을 쟤 것, 내지는 쟤 때문'이라고 뒤집어씌우는 것을 말한다. 이를테면 내가 상사를 미워하면서 마치 상사가 나를 미워하기 때문에 나도 싫어한다고 여기는 것이다. 사실은 내가 내 능력에 자신이 없고 불안한 것이면서, 사람들이 자기를 무시하니 뭘 하기 어렵다고 얘기하는 것이 이에 해당한다. 더 쉽게 예를 들자면, 같은 새파란 하늘도 연애 1일 차일 땐 "이야, 하늘도 파란 게 진짜 행복하다"가 되지만, 헤어진 다음 날은 "하늘이 너무 퍼런 게 오히려 시리고 슬퍼 보여"라고 하는 것이랄까. 여전히 좀 어렵다면 이건 어떤가. 특히 기혼자들이여, 결혼 전에는 콩깍지 쓰인 눈으로 예쁘게만 보였던 배우자의 행동(이를테면 옷을 멋지게 차려입는)이, 결혼 후에는 세모눈으로 꼴 보기 싫게만(아주 지 옷만 번드레하게 챙겨입는 이기적인) 보이지 않던가? 그렇게 바라보는 '눈'이 바로 '투사'인 것이다.

그래서 한참 이 책을 가지고 스터디를 하던 우리 상담실에선 유행어가 있었는데, 다름 아닌 '다 투사다!'였다. 그만큼 모든 것에 갖다 붙이기가 좋았다. 누가 "오늘 날씨가 참 맑네요!" 하면 "다 투사다! 오늘 샘 마음이 곱네, 고와" 한다거나, 누가 "난 ○○ 대리가 좀 잘난 척해 싫던데요?" 하면 "다 투사다! 샘

이 ○○ 대리를 질투하는 구석이 있나?" 하는 식이었다. 물론 어느 정도 과장도 있고 장난기도 섞여 있지만 그래도 또 아주 얼토당토않은 것만은 아닌 게, 사실 어떠한 사물이나 현상이든 있는 그대로 보기란 참으로 어렵기 때문이다. 어쩌면 그건 그저 그러고 싶다는 이상일 수도 있다. 그만큼 그 뭐에든 나라는 존재가 필터가 되어 내 생각이나 감정을 대상에 쉬이 투영해 버리기 일쑤니, 앞서 말한 상담실 유행어는 상담자들끼리 투사를 간과하지 말고 자신의 본마음이 뭔지부터 각성하고 있자는, 나름 전문가로서의 노력이었던 셈이다.

이걸 소암 이동식 박사가 치료자에게 특히 강조한 것인데, 사실 모든 사람이 갖고 있는 일반적 방어기제라는 속성에서 본다면 '투사'를 조심하는 것은 모든 사람의 과제가 된다. 툭하면 남 탓하는 그런 사람 말고 내 인생을 내가 책임지고자 하는 어른이고자 하는 사람이라면 더욱 그렇다. 게다가 이동식 박사의 말대로라면 투사야말로 결국 모든 갈등을 일으키는 원흉이기에, 그런 갈등을 없애고 마음이 편안해지고 싶은 사람이라면 더더욱 해당된다.

우리 모두는 잘 알고 있지 않은가. 내가 어떻게 생각하고 느끼냐에 따라 같은 사람, 현상도 너무나 다르게 해석된다는 것을 말이다. 나란 필터가 먼지가 많이 끼어있는 상태라면 먼지

낀 물이 나올 것이고 이끼가 많이 끼어 있는 상태라면 이끼 낀 물이 나올 것이다. 그리 생각해 보면 정수기 필터도 6개월에서 1년, 로봇청소기 필터도 한 달에 한 번은 교체해야 깨끗한 상태를 유지하는데, 사람은 오죽할까. 매일매일 사용하는 내 마음이라는 필터는 그보다 더 자주, 아니 수시로 들여다보며 깨끗한지 확인하고 어딘가 좀 오염되어 꼬인 상태라면 쓱싹쓱싹 닦아줄 일이다. 상황, 사람, 사물을 그저 있는 그대로 보고 받아들이(는 데 가까워지)기 위해.

그러니 한 번씩 해보자. 어떤 마음의 갈등이 생길 때는 "다투사다!"라고 한번 외쳐보고 내 마음 필터가 깨끗한지 뿌연지 5초만 생각해 볼 것. 저 커피숍 직원에게 가는 화가 정당하게 저 이의 잘못 때문인지 아니면 어제부터 내가 갖고 있던 남편에 대한 분노 때문인지, 엄마에게 가는 짜증이 정당하게 엄마의 잔소리 때문인지 아니면 내가 시험공부를 안 해서 찔리는 불안 때문인지 말이다.

그렇게 5초 동안 생각해 봤더니 '에이 씨, 기분은 나쁘지만 내 거 맞네?' 이렇게 수긍이 된다면? 입을 닫고 얼른 집에 가자, 혹은 조용히 방문을 닫자. 그리고 이제부터는 안구 정화되는 멋지고 예쁜 아이돌이나 배우, 아니면 기분이 좋아지는 강아지나 고양이가 나오는 영상, 깔깔 웃을 수 있는 예능 프로그램부터 보자. 오염된 필터는 일단 깨끗하고 예쁜 걸로 갈아야지, 재탕 삼탕 쓰는 거 아니니까.

{ 편안한 마음을 갖고 싶은가요? }
몸부터 먼저 관리합니다

 강한 목표 의식과 끈질김으로 학창 시절엔 공부를 잘해 인정을 받았고 회사에 와서는 일을 잘해 인정을 받고 있는 30대 중반 미혼 남성 Q. Q는 안정적인 직장 생활만으로도 성에 차지 않아 나중을 대비한 공부를 주경야독으로 해온 끝에 얼마 전엔 자격증까지 취득했다. 몇 년간 고생한 그가 스스로 자랑스러워하며 기쁨을 누리던 것도 잠시. 안타깝게도 Q는 어느 날 극심한 어지럼증과 구역감을 느껴 찾게 된 병원에서 메니에르병 진단을 받게 됐다. 아무리 생명에는 지장 없다지만, '완치'라는 게 어렵고 잘못하다가는 청력을 잃을 수도 있단 사실은 Q에게 큰 충격을 주었다. 이제 좀 한숨 돌리나 싶었던 Q는 세상이 가혹하게 여겨지면서 '내가 병에 걸렸다니'라는 생각에 속수무책으로 무너지기 시작했다.

점차 생활 여기저기에서 구멍이 나기 시작했는데 일단 회사에서는 상사가 일을 더 줄라치면 너무 하기 싫은 마음이 참아지지 않았고, 동료가 무언가를 부탁해 오면 짜증으로 대꾸하기 일쑤였다. '너무 힘든데 좀 내버려두지'라는 원망마저 치솟으면서 말이다. 여기엔 툭하면 어지러운데 치료나 완치 여부가 명확하지 않다는 모호함이 더해져 그는 자주 불안해졌고 점점 입맛을 잃고 잠도 잘 못 자게 되어 나날이 수척해지기 시작했다. 이렇게 지낸 지도 2달이 가까워지면서, 결국 그는 이 상태로는 안 되겠다 싶어 휴직을 고민하기에 이르렀다. 커리어 관리에 누구보다 진심이던 Q는 결국 잠시 쉬게 되었는데, 이전의 그였다면 상상도 못 했을 선택을 하게 된 것이다.

이제껏 내내 잘 나가던 Q의 발목을 이렇게나 휘어잡은 건, 그의 과도한 인정욕구, 어린 시절부터 한번을 제대로 쉬지 못한 데서 온 억울함, 그리고 높은 기질적 불안 등이 복합적으로 한꺼번에 작용한 탓도 있다. 하지만 결정적 계기가 된 큰 한 방은 '메니에르병'이라는 병의 진단에서 온 것은 분명했다. 그의 목표의식, 끈질김, 하물며 그를 지탱해 준 인정욕구도 신체적인 문제 앞에서는 더 이상 힘을 발휘하지 못하고 통째로 먹혀 버린 것이다.

이런 경우도 있었다. 여러 상담자들이 1시간 단위 예약제로 상담실을 사용하는 모 상담 센터. 이곳에서 10시 상담이었던 나는 내담자와의 이야기가 길어지는 통에 10시 56분까지도 상담을 계속하게 됐다(보통은 50분에 마친다). 마무리하는 찰나, 아닌 게 아니라 상담실 밖에서 들려오는 노크 소리. 마무리를 해달라는 상담자들끼리의 신호다. 부랴부랴 마치고 상담실 문을 여는 게 10시 57분. 내 내담자는 가고 11시 상담을 해야 하는 새로운 상담자와 함께 들어오는 내담자. 그리고 그때 나를 계속 원망스럽게 쳐다보던 내담자 '40대 후반 남성 R'의 눈빛이 어찌나 강렬하던지. 미안해진 마음에 그분께 "죄송합니다"라고 사과하고 얼른 나오면서 시간을 보니 10시 58분이었다. 순간 '아니, 아직 11시가 된 것도 아닌데 왜 이렇게 내가 미안해해야 하는 거지?'라며 억울한 마음이 스쳤다. 여유 있게 상담실을 비워주면야 좋았겠지만 엄밀히 말하면 아직 나의 상담 시간인데 이게 이렇게까지 미움을 받을 일인가 싶었던 거다. 그래도 무슨 사정이 있겠거니 하면서 넘어갔다.

그리고 그날 오후. 11시 상담을 하던 상담 선생님에게 급하게 상담을 시작하게 해 마음에 걸렸고 내담자가 화가 많이 난 것 같았다며 이야기를 나누게 됐는데, 아니나 다를까 R에겐 그럴 만한 사정이 있었다. 허리 디스크로 통증이 너무 심하다 보니 얼른 자신이 가장 편한 자세로 앉아야 하는 것이었다. 집이든 사무실이든 그런 최적의 상태(책상이나 의자 높이, 보조 쿠션 등)로 세팅을 해놔야 그나마 고통이 덜한데, 상담실은 가뜩이나 그러기엔 어려운 곳이거니와 그마저도 서서 기다리고 있노라니 그 잠깐조차 R에겐 천년만년처럼 길게 느껴지며 너무 괴롭고 짜증이 날 수밖에 없었을 거란 설명이다. 허리 통증이 심해지기 전의 그였다면 아까와 같은 10시 58분에 어떻게 반응했을까. 타고나기로 성격이 급하고 이기적인 사람이 아니라면 11시였어도, 아니 11시 8분이었어도 살짝은 언짢았기로서니 허허 웃으며 '괜찮습니다, 그럴 수 있죠' 하지 않았을까?

이렇듯 신체가 지배하는 힘은 너무도 강력하다. Q나 R에 비할 바는 아니지만, 나 역시 딱 마흔이 되며 '마흔앓이'란 말을 증명이라도 하듯 장염에 무참히 짓밟혀 크게 한번 고꾸라진 경험이 있다. 비루한 나의 몸뚱아리는 그 이후로도 지난하게 이어진 수난사가 아주 버라이어티했는데 수시로 찾아온 장염에 소화불량은 차치하고, 테니스도 안 치는데 있어 보이라고 찾아온 '테니스 엘보', 왼손이 걸리니 오른손이 질세라 '손목 건초염', 필라테스 좀 했을 뿐인데 어깨가 빠질 거 같은 통증에 결국 그만두게 된 '어깨 석회성 건염', 불쑥 세상이 빙빙 돌며 어지럼증을 일으키는 '이석증', 그리고 피에 기름이 많이 껐다는 '고지혈증'까지. 매해 아주 착실하게 하나씩 생긴 셈인데 '와, 이런 꾸준함으로 공부를 했으면 내가 지금 서울대를 갔지' 싶을 정도다.

다행이라면 다행일까, 어쨌든 이것이 나만의 증상은 아니고 그 정도나 속도가 달라 앞서거니 뒤서거니 할 뿐 대체로 40대 이후부터는 모두가 공감하는 노화의 과정이어서 이전 책 《마흔, 너무 행복하지도 불행하지도 않게》는 바로 이런 나이 듦에 대한 위로를 담은 것이기도 했다. 그리고 이놈의 노화는 오늘도 꾸준히, 더 일취월장한 실력으로 계속되고 있는데, 이야기하자면 뭐 이런 식이다.

근래 이사한 뒤 운동량을 늘리려고 자동차 대신 버스를 이용해 출퇴근 포함 40분씩을 더 걸었다. 근데 한 일주일 됐나, 뭐가 불편했던지 오른쪽 발목이 뻐근하더니 이내 종아리까지 통증이 번졌다. 안 되겠다 싶어 의원을 찾았더니 아킬레스건염이 촉발시킨 거 같다며 진통제를 처방해 주었다. 약을 먹으면 속이 좀 쓰려서(이것도 마흔 이후 생긴 현상이다) 가급적 파스로 처방받아 사나흘 열심히 붙이고 뗐다. 다행히 종아리 통증은 가라앉았는데 웬걸? 이제 1부 끝, 2부 시작이라는 듯 파스를 붙였던 피부가 시뻘겋게 변하더니 옷을 입고 벗거나 씻을 때도 이만저만 따가운 게 아녔다. 가렵긴 또 어찌나 가렵던지 며칠간 고생 좀 했다. 아니 내가 뭐 놀길 했어, 어딜 박길 했어. 그저 착실하게 좀 더 걸었을 뿐인데, 끝이 왜 이 따위(!)냐고.

대여섯 살 더 많은 옆자리 동료 선생님도 마찬가지다. 이제 막 러닝을 시작하며 재미를 느껴가던 그이는 어느 날 무릎 통증이 심해져 목표로 하던 마라톤 대회를 포기해야 했다. 그게 한 반년 전. 아쉽지만 당분간 참자 싶어 관절에 무리가 덜 가는 수영을 시작했는데 이번엔 수영장 물에 머리카락이 견디질 못하는지 머리숱이 많이 빠지기 시작해 확연히 줄었다는 게 지난주였다. 여차저차 다리가 좀 괜찮아진 거 같아 주말에 다시 러닝을 시작한 지 2주 되었나? 누구 맘대로 뛰었냐며 혼내기라도 하듯 이번엔 반대쪽 무릎이 비슷하게 저려와 다시 뛰질 못하게 됐다고 한탄한 게 어제 일이다. 아니 운동 좀 하겠다는데 이러면 뭐 아무것도 하지 말고 가만있으란 거냐고!

몸뚱아리가 내 맘 같지 않을 때, 어쩔 수 없이 짜증이 수반된다. 하물며 자잘한 것들에도 짜증만땅이기 마련인데, Q나 R처럼 통증을 수반하는 질병, 더 나아가 암과 같은 중증신체질환을 달고 살아야 하는 사람은 오죽하겠으며, 그런 고통 앞에서라면 제아무리 성인군자라고 다르겠는가. 그래서 정신과 의사 문요한 씨가 그의 책《이제 몸을 챙깁니다》에서 "마음을 챙기는 가장 효율적인 방법은 몸을 챙기는 것"이라고 강조한 말은 특히 새겨들을 만하다.

앞서 노화와 연결 지어 이야길 해서 그렇지-아무래도 더 영향력이 크니까-지금 젊다고 해서 몸뚱아리와 동떨어질 일 없다. 사실 이전엔 몸을 챙긴다는 걸 유난스럽다 생각했었는데 지금은 '유난스러워야 한다'고 당부하는 쪽이기도 하다. 하다못해 학창 시절의 내가 좀 더 몸에 민감했더라면 고등학교 때는 때때로 쏟아지는 잠에 맥없이 당하거나 '잠만 잔다'고 한심해할 게 아니라 생리전증후군을 잘 이해하고 주기별 공부 전략을 좀 더 효율적으로 짰을 거 같고, 마흔앓이를 앓기 전 30대 후반에는 일하랴, 전문 자격증 따랴, 학위 따랴 번아웃 직전까지 갔던 내게 그게 뭐든 한 두 해 좀 늦어진다고 별일 없다고 얘기해줬을 거 같다(그랬다면 지금 그 맛난 술을 즐기지 못하는 형벌을 견디지 않아도 되었겠지).

다행히도 요즘 20~30대는 진즉 몸도 잘 챙기는 거 같다. 회사에서 기회가 되어 매년 몇십 여명의 신입사원을 상담하고 있다. 벌써 그렇게 만나온 지 10년은 됐으니 변화나 트렌드가 느껴지곤 하는데, 가장 최근에 적잖이 놀란 것 중 하나는 이 친구들 중 80%가 운동을 필수로 여기고 실천한다는 거다. 불과 5년 전만 해도-코로나가 기점이 된 거 같다-80%는 음주가 필수였다. 거의 30년 전이 되어갈 내 대학생활 때만 해도 취미로

운동을 하는 친구는 정말 단 한 명도 없었다(혹시 유유상종이라 그랬던 건가?). 어쨌든 다소간의 낭만이랄까, 이런 게 사라지는 거 같단 꼰대스러운 아쉬움은 그저 스치는 생각일 뿐, 두루 바람직한 변화라 여겨진다.

쉬이 짜증 내지 않는 사람, 괜스레 욱하고 화내지 않는 사람, 대체로 둥글둥글 모나지 않는 사람, 매사 편안하고 여유로운 사람이 되고 싶은가? 그렇다면 무엇보다 몸뚱아리가 먼저다. 마음은 그 다음이다. 그러니 그저 '몸님, 제가 잘 모십죠' 하며, 우선 그이부터 납작 받들어 모실 일이다.

{ 뭐 얼매나 대단하려고
안 되는 건 안 되는 것, 그뿐이라 여깁니다 }

 몇 년간 요가를 해왔지만 죽어라 안 되는 동작이 있다. 가장 기본이 되는 동작 중 하나라 수시로 하게 되고 그러니 때마다 약 올라 미치고 팔짝 뛰게 만드는 동작. 바로 앉아서 앞으로 기울이는 전굴 동작이다. 맞다. 두 다리를 쭉 뻗고 똑바로 앉은 채 상체를 기울여 배와 허벅지를 만나게끔 하는 자세. 살면서 한 번쯤은 해봤을 것이고 '근데 이게 안 된다고?'라며 의아해할 이들이 오히려 많을 그 자세 말이다.

 근데 또 희한한 것이 선 상태에서의 전굴, 즉 바르게 서서 몸을 앞으로 기울여 손바닥을 바닥에 대거나 발 뒷목을 잡는 것은 된다. 하물며 코브라, 나무, 선활, 쟁기자세 등등 요가의 'ㅇ'자도 모르는 이들에게 좀 잘난 척 뻐기면 '우와' 하는 소리를 들을 만한 자세들은 곧잘 되는데, 하필 그놈의 앉아서 하는 전굴 자세가 안 되니 영 모양도 빠지고 화딱지가 나는 거다. 누가 보면 "아니, 요가 좀 했다면서 왜 그게 안 돼?" 비웃을 것도 같고, 게다가 웬만해선 2~3일에 한 번꼴로 하게 되는 동작인데 늘 안 되니 뭔가 '넘사벽'이라는 느낌마저 든다. 암만 '오운완(오늘 운동 완료)' 했다고 해도 찜찜하기 짝이 없었다.

그랬던 게 최근 아파트 커뮤니티에서 하는 필라테스 강사의 말 한마디에 한순간 확 풀어지는 신기한 경험을 하게 됐다. 그날은 몸을 둥글게 말아 공처럼 앞뒤로 굴러주는 구르기 동작을 하게 됐다. 말이 쉽고 재밌어 보이지 정석대로 하려면 반동을 써선 안 되고 코어의 힘으로 허리를 분절하며 척추 뼈가 하나씩 땅에 닿듯 굴러야 하는 건데, 이게 내가 잘 안됐다. 코어 힘이 아주 없는 편도 아닌데 구를 때마다 통나무마냥 등허리가 바닥에 쿵쿵 닿았다. 집에서 혼자 할 때도 안 되는 느낌이 있었는데 아니나 다를까, 그런 내 꼴이 딱 봐도 아니었던지 강사 샘은 몇 번 내 등에 손을 받쳐주면서 도와주더니만 무심히 툭 이렇게 말하고 자기 길을 갔다.

"회원님이 여기 아래 허리가 평평해요. 그래서 안 되는 거야. 체형상 그래. 그래서 이런 류가 안 될 거예요."

아니, 어렵다는 것도 아니고 열심히 또는 꾸준하게, 그것도 아니라면 나와 함께 하면 점차 나아질 수 있다도 아닌, 아예 안 된다 라니. 그렇게 그냥 안 되는 게 당연하고, 그건 별거 아니라는 듯 무심히 툭 말하고 가버리다니.

그날 수업을 마치고 오면서 이 말이 묘하게 계속 생각났다. 집에 와서도 생각나더니 차츰 '아, 그래서 내가 그런 류의 전굴 동작이 계속 안 되는 거였구나' 하고 이해가 되기 시작했다. 유사하게 다리를 다이아몬드 모양으로 만들어 앉은 상태에서 앞으로 기울이는 나비자세도, 척추 분절 운동인 '롤 업 앤 다운' 자세도, 그래서 그렇게나 안 됐던 거구나 싶었다. 그러면서 순순히 받아들이는 마음도 느껴졌다. '근데 뭘 어쩌겠어, 허리가 그렇게 생겨먹었단 걸. 그러고 보면 그 동작 좀 안 된다고 뭐 큰 문제 생기는 것도 아닌데, 내가 요가 강사를 할 것도 아니고 뭐 얼마나 대단하려고 마치 반드시 해내야 하는 걸 해내지 못한다고 여기며 그리 끙끙댔을꼬?' 그렇게 그간 잡고 있던 미련이나 집착 내지는 미스터리 하나가 훅 떨어져 나가는 느낌이랄까, 너무 후련해졌다.

그러고 보면 우린 굉장히 많은 것들을 잘 해내야 하고, 제대로 해내야 하며, 끝끝내 해내야 하는 삶을 살고 있다. 애들도 공부는 기본, 예체능에 수행평가, 리더십도 갖춰야 하고 봉사활동도 잘해놔야 좋은 대학 문턱에 갈 수 있다고 한다. 어찌

저찌 괜찮은 직장에 들어왔다고 끝일까. 잘나가는 직장인이라면 모름지기 일도 잘해야 하지만 외국어, 자격증, 재테크, 취미 부자, 거기에 여행도 잘 다녀야 하고 '갬성'까지 갖춰야 한다. 오죽하면 '육각형 인간'이란 말이 트렌드로 꼽혔을까. 외모, 집안, 성격, 자산, 학력, 직업까지 6가지 측면에서 완벽함을 갖춘 인간 말이다.[14]

그런데 그게 가능키나 한 것인지. 모두가 드라마 속 현빈이고 모두가 영화 속 수지도 아닌데 말이다. 살짝 삼천포로 빠지자면, 우리 필라테스 강사 선생님도 똥배도 제법 있고 다리 찢기도 좀 안 되시는 것 같더라만. 그럼 또 어떤가. 몇 년째 내가 끙끙대던 걸 툭, 한 마디로 속 시원히 해방시켜주었으니 그것만으로도 명강사 아니겠는가.

안 되는 건 안 되는 것, 그뿐. 그거 하나 안 된다고 혹은 어떤 것들 좀 안 된다고 인생 전체가 어떻게 되는 게 아니다. 이런 식으로 습관적으로 일어나는 인지 오류, 즉 부분을 전체로 일반화하는 '과잉 일반화overgeneralization'에는 분연히 안녕을 고해야 한다. 이를테면 나는 요가를 좋아하지만 전굴은 안 되는 그런 사람일 뿐, '뭐 얼매나 대단하려고'인 거다. 불완전성과 한계라는 것은 전 인류의 공통적인 특성이니, 때때로 그걸 망각한 채 자꾸 불쑥불쑥 고개 드는 나의 강한 에고 따위가 있다면

'아서라' 한마디 하고 꾸욱 고개 숙이라 누르며 말이다. 하긴 현빈도 가만 보니 유머는 좀 떨어지고(저 현빈 씨 팬이에요!), 수지도 가만 보니 연기력은 계속 좀 아쉽던데(팬님들 죄송합니다), 뭐 얼매나 대단하려고.

그러고 보면 우린 모두 제각각 이각형이거나 삼각형, 혹은 사각형 뭐 그리 좀 찌그러진 인간들 아니겠는가. 환상에나 있을, 혹은 있더라도 어쩌다 있을 육각형 인간은 그저 강 건너 불구경하듯 냅두고 우린 우리대로나 잘 살자. 내가 뭔가에 너무 전전긍긍 아등바등 안달 낸다 싶을 땐? 우리 강사 샘처럼 별일 아니라는 듯 툭, 무심히 말하며 한계를 받아들이자.

"그건 안 되는 거야, 그냥."

{ 좋아하는 힘이 더 세니까요 }
'긍정편향'을 사용합니다

　부끄러운 고백이지만 회사에 나를 매일 나가게 하는 원동력 가운데 '먹는 것'이 차지하는 비중이 제법 크다. 써 놓고 보니 좀 더 부끄러워지는데 뭐, 어쩌겠는가. 사실이고 진심인데. 오늘 할 일에 대한 기대나 성취에 대한 설렘, 전문가라는 책임감이나 프라이드, 15년 가까이 한 직장에서 쌓아 올린 연륜과 애정, 함께 하는 동료들에 대한 강한 연대감? 이런 것들이 아예 없다고는 말 못 하겠지만, 매일 꾸준히 나가기 싫은 회사 앞에 나를 데려다 놓는 '찐으로' 강력한 동력은 애석하게도 그런 게 아니다. 정말 '밥'이다.
　나의 저주받은 요리 실력은 이미 대학 축제 때 파전에 소금 대신 설탕을, 엄마 생신 때 효도 한 번 해보겠다고 미역국에 다시마를, 남편과의 어느 저녁 식사 때 부지런 떤다는 게 샤부샤부에 미나리를 부추처럼 푹 고을 때부터 이미 텄다고 할까. 그러니 저녁밥은 우리 집 공식 셰프인 남편이나 배달의 민족이 책임져준다. 그럼 아침과 점심밥은 누가 책임지겠는가. 너무 감사하게도 회사에서 책임져주실 수밖에. 게다가, 너무너무 감사하게도, 맛있기까지 하다.

그러니 오늘도 천근만근 무거운 몸을 일으켜 이불 밖으로 나선다. '아, 회사 가기 싫어'라는 생각을 '그나저나 오늘 아침 메뉴가 뭐였더라?'로 바꾼다. 다행히 회사 동료들과 먹부림이 잘 맞아(직장 생활에서 이보다 더 중요한 게 있을까) 점심시간도 기대가 된다. '밥 먹고 오랜만에 삼거리 커피숍으로 산책을 가, 흑임자 라떼 한 잔씩 먹자고 해볼까?' 그렇게 먹는 걸로 싫어하는 걸 제쳐보는 거다. 요 며칠 계속 인상을 찌푸리며 사무실 분위기를 망가뜨리고 있는 동료에 대한 불편함도, 곧 있을 강의 교안을 만들어야 하는 부담감도, 몇 주째 헤매는 것 같아 고민이 되는 상담도 말이다.

동료에겐 더 쩌렁쩌렁 아침 인사를 건네고는 달걀 듬뿍 샌드위치를 커피 한잔과 함께 먹어야지. 교안 진도를 좀 뺀 뒤 점심엔 B 코너의 왕돈까스, C 코너의 해물우동을 제치고 A 코너의 두부조림 백반을 먹어야지. 달달한 흑임자 라떼로 오후의

카페인과 달달함도 충전하고 나면 오후 상담에선 좀 더 실마리가 보일 거야. 그렇게 좋아하는 걸로 싫어하는 것을 쓰윽, 넘겨보는 거다. 그러면서 이겨내는 거다.

'확증편향confirmation bias'이라는 게 있다. 기존의 신념에 부합되는 정보나 근거만을 찾으려고 하거나, 이와 상반되는 정보를 접하게 될 때는 무시하는 인지적 편향을 의미한다. 이게 긍정적일 때는 '긍정편향positivity bias', 부정적일 때는 '부정편향negativity bias'이라고 한다. 쉽게 말해 눈에 콩깍지가 씌어 애인의 며칠 안 감은 머리카락조차 멋져 보이는 것은 긍정편향, 남편/아내가 밉다 못해 밥 먹는 모습까지 못나 보이는 것은 부정편향이다. 각각의 단점도 있지만 좋은 점 또한 분명히 있고, 우린 모두 이 두 편향을 다 사용하며 살고 있다. 그럼에도 굳이 콕 집어 뭘 더 쓰면 좋냐, 묻는다면? 긍정편향에 한 표. 좋아하는 힘이 싫어하는 힘보다 세고 더 기꺼이 할 수 있는 법이니까.

얼마 전 한 예능 프로그램에서 MC 전현무 씨가 어머니의 잔소리가 너무 많다며 투덜거린 적이 있다. 나이가 50이 다 되어 가는데 아직도 늘 "차 조심해라, 술 조금만 먹어라, 밥 잘 챙겨 먹어라, 추운데 옷 따뜻하게 입고 다녀라" 이러신다는 거다. 그랬더니 가수 코드쿤스트 씨가 한 말이 참 인상적이었다. "그걸 다 '사랑해'로 바꿔 들으면 돼."

그 말을 듣고 내게도 크게 다를 바 없는 엄마 잔소리를 가만히 떠올려보니, 색깔이 다르게 느껴졌다. 뭐랄까, 몽글몽글 따스한 구름색 같아졌다고 할까. 그저 하나하나 뻔하고 듣기 싫기만 했던 잔소리가 따스하고 정겨운 사랑의 속삭임으로 바뀌는, 이것이 일종의 긍정편향 효과인 셈이다.

그러니 내가 뭔가(A)는 이뤄야 하는데, 하기 싫은 뭔가(B)가 그 장애물이 될 땐? A로 향하는 B의 길목 안 구석구석에 좋아하는 뭔가(C)를 잘 박아 넣어보자. 크고 작은 나의 C들은 충분히 힘이 세니까 가뿐히 B들을 이겨내 줄 것이다.

여전히 미심쩍다고? 그럼 하나만 물어보자. 우리의 영원한 히어로, 슈퍼맨과 배트맨 중 싸우면 누가 이길까? 과연 누가 더 센가? 슈퍼맨? 배트맨? 어허, 이거 영원히 풀리지 않는 세기의 대결이라고? 땡! 모르시는 말씀. 엄연히 정답이 있다. 누가 세긴 누가 센가, 자기가 좋아하는 히어로가 세겠지. 그러니 세월이 아무리 흘러도 동서고금 남녀노소를 막론하고 아직도 슈퍼맨이 이기네, 배트맨이 이기네 하며 세기의 대결을 끝없이 하고 있는 거 아니겠는가. 영화로까지 제작되면서 말이다.

난 배트맨에 한 표.

{ 우리에겐 존경과 영감이 필요하니까요 }
롤모델을 따라 합니다

나는 4남매 중 막내로 위로 언니 둘, 오빠 하나가 있다. 아무래도 형제들끼리 비슷한 구석이 있겠지만 그중에서도 요즈음 들어 부쩍 확인되는 공통점 중 하나는 모두 공부-그게 뭐에 관한 것이든-를 참 꾸준히 한단 거다. 4명 합치면 200살이 훌쩍 넘건만 아직도 공부하고 있다고 해도 무방하니, 그렇다고 만학도는 아니고 그냥 나이 들어서도 계속 공부한다고 말하는 게 맞겠다. 게다가 그중 한 명은 작년에 완전히 새로운 분야의 공부를 시작했다. 50을 훌쩍 넘은 나이에 최소 3~4년의 시간이 걸리는 공부에 뛰어든다는 그에게 우리 집 식구 그 누구도 말리지 않았다.

곰곰이 생각해 보니 늘 공부하는 건 엄마가 제일이었다. 엄마는 자식 넷을 건사해야 하는 바쁜 일상에서도-한때 매일 엄마가 싸야 하는 도시락 개수만 8개였으니 말해 뭐하겠는가- 매일 종이 신문을 펼쳐놓고 꼼꼼하게 한 장 한 장 읽는 건 빼먹지 않으셨고, 그러다 모르는 한자가 나오면 책장에서 두꺼운 옥편을 꺼내 찾아보고는 신문 지면 공백에 정성스레 몇 번이고 따라 쓰며 익히는 정성을 기울이셨다. 그러면서 어떤 날은 이 말도 덧붙이셨다. "엄만 삼국지를 읽으면서 한자 공부를 했어. 모르는 한자가 나오면 그때그때 찾아본 거지." 와, 그때 엄마 뒤에 비치던 그 후광이란! 중학교, 고등학교 도합 6년 내내 한자 수업하면 뭐 하나, 벼락치기 공부의 결과가 그렇듯 한자 까막눈과 다를 바 없는 나는 그렇게 독학으로 한자 공부를 했어도 어지간한 한자는 다 읽으시는 엄마에 비하면 말짱 꽝인걸.

이게 끝이 아니다. 엄마의 공부는 늘 현재진행형이었는데 꼭 궁둥이 붙이고 앉아 하는 소위 글공부가 아니더라도 볼링, 수영, 골프, 노래까지 끝이 없었다. 운동이나 취미의 목적도 있었겠지만 그것보다는 늘 배우는 즐거움을 더 크게 느끼시는 편이었다. 이 중에서 압권은 대학 졸업 후 결혼과 출산, 육아로 소위 경단녀가 된 그녀가 막내인 나까지 대학을 보내고 한참 뒤인 어느 날, 다시 약사로 돌아가겠노라 선언하며 몇십 년 만의 공부를 시작한 데 있다. 자격증만 있었다 뿐인지, 20년 이상 무관하게 살았으니 대학 때 공부하던 게 어디 남아나 있었겠는가. 그즈음 엄마 나이가 못해도 50대 초반이었으니 지금 나보다 더 많은 나이에, 머리는 또 얼마나 굳었겠는가. 당시엔 바깥으로 싸돌아 다니느라 잘 몰랐는데, 지금 생각해 보면 참 대단한 용기이고 노력이었다.

그러고 보면 생각난다. 늦도록 친구들과 부어라 마셔라 한 뒤 살금살금 기어들어가 안방을 들여다보노라면, 침대 머리맡에 오래되어 빛바랜 노란 책상 등을 켜두고 빼곡하게 적힌 노트를 들여다보며 중얼중얼 암기에 여념이 없던 엄마 모습이.

그렇게 엄마는 다시 '김 약사'로 20년 가까이 일을 하셨고, 요즘엔 늙은 약사 찾아주는 약국이 없다며 섭다 하시지만 그래도 간간이 알바로 용돈도 벌고, 매주 빼놓지 않고 가는 합창단 모임에서 배운 새로운 노래를 익힌다며 나도 잘 못 쓰는 태블릿 PC로 악보를 다운받아 보신다. 그리고 최근엔 새로 구매한 AI 냉장고 앞면을 우아하게 터치하며 레시피 검색에 음악 재생은 이렇게 하는 거라며 자식들에게도 척척 가르쳐주실 정도다. 어디 가겠는가? 이런 피가. 보고 배운 게 있는데. 그러니 우리 형제 모두 아주 특출나진 않더라도 아주 뒤처지지도 않게 공부했고, 뭣보다 '이 나이에 무슨' 이런 말 일절 없이 언제

든 공부는 하는 거고 하는 게 당연하다 여기게 됐다. 우리 형제들에게 엄마는 일종의 공부에 대한 롤모델이었던 것이다.

롤모델은 개인의 일상생활 속에서 자신의 의사결정에 영향을 줄 수 있는 사람, 또는 사람들이 모범으로 삼고 배우고자 하는 사회적 기준을 설정하는 집단이나 개인을 의미한다. 이런 '롤모델 효과role model effect'를 연구한 것 중 흥미로운 게 있다.[15] 자녀의 청소년 시절에 어머니가 노동 시장에 참여했을 때, 성인이 된 자녀의 근로 시간이 약 1,795시간(3.96%)이나 더 길어졌다는 거다. 세상에, 2시간 가까이 일을 더 한다니. 롤모델을 통한 학습 효과가 이만큼 어마무시하다. 아니면 엄마가 자기 청소년 시절에 일을 좀 했기로서니, 남의 돈 받아먹는 직장에서의 일이 뭐 얼마나 주구장창 신나는 일이라고 훨씬 더 많이 하겠는가. 그냥 그러는 게 자연스럽고 그러면서 언제, 어떤 면에선 살짝살짝 보람이 있으니 하는 거겠지.

각설하고, 말하고 싶은 바는 이거다. 살면서 롤모델은 한두 명쯤은(더 많아도 좋다) 있어야 좋은 거고, 괜찮다 싶은 건 따라 하자는 것이다. 어린 시절엔 엄마 같은 어른이 은연중 롤모델이 되어 존경과 영감을 주듯, 어른이 되었어도 여전히 우리에겐 존경과 영감이 필요하다.[16] 게다가 롤모델은 우리에게 '어쩌란 거지?'의 이론이 아니라 '이렇게 했어'의 예시가 되어주니 따라 하기도 쉽다. 요즘엔 '이런 것까지?'라고 할 정도로 유튜버가 하나하나 다 알려주는 세상이니, 롤모델 찾기가 어렵단 말은 씨알도 안 먹힌다.

엄마는 살짝 배신감이 들지도 모르겠지만, 근래 나의 롤모델도 유튜버로 바뀌었다. 나도 저렇게 멋지게 늙어가면 좋겠다 싶은 70대 할머니 유튜버 '밀라논나'는 그중 한 명이다. 최근엔 함께 여행 갈 친구가 값비싼 호텔에서 묵자고 했는데 돈이 아까워 고민된다는 구독자에게 그녀가 해준 대답이 생활의 이정표가 되고 있기도 하다.

"한 번 가보세요. 나도 근검절약하는 편이지만(그런 거 같다, 그녀는 오랜 셔츠도 해지면 리폼해서 계속 입는다) 취향이나 안목은 높을수록 좋아요. 안목을 높여서 갖고 있는 거하고 아닌 거하고는 다르잖아요. 새로운 경험 차원에서 한번 가서 유심히 보세요. 그리고 나면 판단 기준이 생기잖아요. '이제 됐어! 다음엔 이런 거 안 해도 돼!' 이런. 새로운 경험을 하라고 권하고 싶어요."

크으, 멋져.

그래서 요샌 그녀 말을 따라 새로운 경험에 좀 더 적극적이고자 한다. 뭐 대단한 것도 아니다. 카페에선 늘 마시는 카푸치노나 아메리카노 대신 그 카페의 시그니처가 있다면 그걸 마셔보고, 여태 안 먹어본 음식들도 일단 한 입은 먹어본다(얼마 전까지 멍게, 해삼, 그리고 고수가 그랬다). 그리고 또 따라 하고자 하는 건 취향이나 안목 높이기다. 그러고 보니 내 옷장의 옷들이 왜 그리 초라해 보이던지. 그건 브랜드나 값의 문제가 아니라 취향이나 안목의 문제였단 것도 깨닫게 됐다. 그래서 요샌 옷 하나를 고를 때도 조금 더 신중해지려 한다. 이전처럼 세일한다고(어느 개그맨이 그랬지, 세일에 걸려있는 %는 당신이 그 옷을 살 확률이라고), 싸다고, 무난하다고, 아니 사실은 고르는 정성을 기울이기 귀찮다고 대충 사려 하지 않는다. 오래 두고 입을 만한지, 그만큼 나랑 어울리는지, 재질이나 촉감도 무겁지 않고 부드러운지 등등을 꼼꼼하게 따져본다. 그렇게 취향이나 안목을 갖춰 고른 결과가 이거였다며, 다소 많이 나온 카드 값도 당당하게 남편에게 내밀어 보이면서 말이다.

{ 도망칠 데 하나 정도는 }
심리적 퇴행을 허락합시다

'케렌시아querencia'라고 들어보셨을 것이다. 스페인어로 '애정, 애착, 귀소본능, 안식처'를 뜻한다. 투우 경기에서 소가 투우사와의 마지막 결전을 앞두고 잠시 숨을 고르는 장소를 이르는 말이기도 하다. 보통 몸과 마음이 지쳤을 때 심리적 안정을 취할 수 있는 자신만의 공간을 일컫는 말로 사용되고 있다.

40대 기혼 남성 F 차장. 그의 집은 서울 강북권 중에서도 한참 위에 위치해 있는데, 경기도에 있는 회사까지 출퇴근을 하기엔 상당히 먼 거리이다. 그나마 회사에서 제공되는 출퇴근 버스나 대중교통을 이용하면 한결 나을 그 막히는 길을 꿋꿋하게 자동차로 출퇴근을 하고 있다. 왕복 서너 시간가량의 지겨움과 수고로움을 매일 기꺼이 감수하고 있는 건데, 나는 시간 낭비, 체력 낭비라 여겨지는 그 길을 왜 굳이 운전을 하는지 너무 의아해 어느 날 물어보니 이런 답이 돌아왔다.

"힘들긴요, 전 그 시간이 오로지 저만을 위한 시간인지라, 길이 막혀도 짜증이 안 나요. 솔직히 와이프에게는 좀 미안하긴 한데, 집에 가면 애들도 있고 뭘 혼자 하기가 어렵거든요. 그러니 차 안에서는 운전하면서 노래도 듣고 때론 따라 부르기도 해요. 오늘 나를 열받게 한 부장님을 향해 허공에 대고 욕도 시원하게 해버리고요, 하하. 편하게 혼자 있을 수 있는 거죠."

아, 그러고 보니 F 차장은 일중독으로 유명한 임원 밑에서 근무하고 있었지. 게다가 한창 에너지가 넘쳐나는 예닐곱 살 아들 쌍둥이 아빠에 애처가였지. 그러니 F에겐 그의 출퇴근길 자동차 안이 충분히 '케렌시아'가 될 만했던 거다.

계속되는 불황에 그나마 있던 가게도 예사로 없어지는 요즘, 그래도 동네마다 오래 가네, 혹은 손님들이 좀 있네 싶은 곳은 가만히 보면 찐맛집이거나, 커피 좀비들의 천국인 대한민국에서 아예 믿고 먹을 수 있는 브랜드 커피숍, 아니면 암만해도 네일숍인 것 같다. 물론 이건 지극히 사견이기에 근거도 없지만, 가만 보면 이 네일숍이란 데가 주부들이나 워킹맘 혹은 고된 직장 생활이나 사람 관계에 치인 여성들에게 그나마 푼돈 들여 갈 수 있는 케렌시아여서 그런 게 아닐까 싶다. 귀찮게 하는 애들도 없고 챙겨주고 신경 써야 할 그 누구도 없이, 나에게 한없이 친절하고 나만을 귀하게 대접해 주는 네일아트 전문가에게 손발 툭 편히 내어놓고 가만가만 수다를 떨거나 멍때리거나 좋아하는 영화나 드라마 한 편을 넋 놓고 볼 수 있는.

이렇듯 우리 모두 자기 도망칠 데 하나 정도는 있어야 한다. 어떻게 맨날 괜찮고 계속 나아질 수 있을까. 가끔은 엉성하고 가끔은 뒷걸음질 치며 가끔은 혼자 제일 편할 수 있어야지. 그래야 다시 되돌아갈 힘이란 게 생긴다. 이런 걸 보고 소위 '심리적 퇴행regression'이라고 한다. 스트레스나 힘든 상황에 처했을 때 이전의 행동 패턴으로 돌아가는 것.

이러한 퇴행이 갖는 엄연한 순기능이 있다. 일시적인 편안함과 안정감이 그것이다. 이를 통해 잠깐이나마 여유를 느끼고 다시 일어설 힘을 갖게 되는 것이다. 마치 동생을 맞이하게 된 첫째가 갑자기 엄마 뒤꽁무니만 졸졸 쫓아다니거나 이불에 오줌을 싸는 등 안 하던 짓을 하다가도 차차 동생을 예뻐하고 엄마를 도와주는 기특한 큰 아이로 자라나듯 말이다. '일보 전진을 위한 반보 후퇴'란 말도 있지 않은가.

케렌시아는 하찮고 손쉬우며 가능한 쓸잘 데 없는 것이어야 한다. 그만큼 바로, 당장, 그 어떤 거창한 의미나 목적 따위

없이 할 수 있어야 하기 때문이다. 아, 물론 나만의 케렌시아가 "명품 가방 구매예요"라거나 "가고 싶던 나라로 훌쩍 떠나기예요" 할 수 있는 프리한 부자님이라면 뭔들 못 하겠는가. 그렇지 않다면 F 차장처럼 자기 차에서 시간 갖기라거나, 동네 아줌마들처럼 네일숍 가기, 아니면 요즘 유행한다는 필사하기나 전통의 강호인 일기 쓰기, 음악이나 영화 감상하기 등등 뭐든 하나는 있어야 한다. 이대로는 안 되겠다 싶을 때 쏙 들어가 설랑은 잠시 숨 골랐다가, 적당히 시간 되면 '크흠' 어른의 헛기침 소리 한 번 내고는 아무 일도 없었단 듯 다시 나올 수 있는, 자신만의 케렌시아.

그래서 그런 당신의 케렌시아는 뭐냐고? 난 그런 면에서 둘째가라면 서러울 만한 케렌시아 부자다. 일단 내 방에 쏙 들어가 소설책 보기부터 시작해 우리 강아지 복슬복슬 털에 코 박고 부비부비하며 마구마구 만지기, 돌돌이로 집안 바닥 곳곳의 머리카락 없애기, 20~30분짜리 요가 동영상 따라 하기, 발길 닿는 대로 산책하기, 고즈넉한 커피숍을 찾아 "원두는 디카페인으로, 온도는 엄청 뜨겁게, 우유는 반만, 시나몬 가루는 팍팍 뿌려주세요" 까다롭게 주문하며 찐하게 카푸치노 한잔 마시기, 묻지도 따지지도 않고 좋은 말, 위로가 되는 말만 해줄 수 있는 벗들이 있는 단톡방에서 수다 떨기, 아무 생각 없이 볼 수 있는 아무 영화나 틀어보기, 사실인즉 보는 척하지만 알고 보면 멍때리기, 동료들과는 따로 천천히 시간 들여 혼밥하기 등등 등등에 등등까지.

애개, 너무 시시하다고? 아니 아니 이보세요들. 박완서 작가님도 말이죠, 글이 잘 안 써지는 땐 이렇게 한다셨단 말이죠.

"열심히 쓸데없는 짓을 합니다. 괜히 부엌도 서성여보고 책상 서랍도 정리하고 그러다 옛날 사진이 나면 들춰도 보고요."

우리 박완서 작가님도 요로코롬 죄다 쓰잘 데 없지만, 사실은 정말 쓰잘 데 있는 케렌시아들로 그 대단한 작품들을 남기신 겁니다요.

각 침대 찬성일세
혼자여도 좋고 함께여도 좋은 관계를 만듭니다

50대 남성 F 수석. 그는 수면 불량 문제로 상담실을 찾았다. 이제 퇴직이 얼마 안 남은 데다가 그럭저럭 노후 준비도 해둔 터라 직장에서도 크게 괴로울 일이 없었고 자식들도 어느 정도 자리 잡아가니 속 썩을 일도 없는데, 이상하게 잠을 깊이 못 자기 시작한 지 한 달가량 되었다. 툭 하면 깨고 다시 잠들기가 어려워 그때부턴 내내 설치기만 한 기억이라 낮엔 피곤하기 짝이 없는 악순환이었다. 아무래도 건강이 제일 걱정되는 나이이다 보니 '그러려니'가 잘 안되어 혹시나 도움받을 수 있을까 싶어 상담실 문을 두드린 거였다.

그의 수면 패턴과 생활 습관들을 두루 탐색해 가던 중 수면 불량의 원인은 의외의 곳에서 간단히 발견이 됐다. 갱년기가 되며 부쩍 추위와 더위를 변덕스레 타는 아내가 밤새 뒤척이며 이불을 덮었다 걷었다, 화장실도 왔다 갔다 하는 통에 덩달아 F도 잠을 설쳤던 것이다. 여기에 수면 불량을 겪는 많은 이들이 그렇듯 보상심리로 점심식사를 한 후 한 30분가량 낮잠을 자는 것도 컸다. 그러니 해결책은 뻔했다. 아내와 따로 잠을 자고 낮잠을 자지 않는 것. 그런데 여기서 딱 막혔다. "아니, 선생님. 부부가 한 침대에서 잠을 자야지, 어떻게 따로 잡니까?" 이런 완강함이라니. 그것도 20대, 30대도 아니고 50대의 부부에게서 잠자리의 문제가 이다지도 큰 문제인가 싶어 F의 부부 관계를 더 탐색해 보니 일면 이해도 되었다. F 부부는 소문난 잉꼬부부로 뭐든 함께 하는 게 당연했다고 생각하고 있었던 것이다.

더욱이 F는 내향적인 데다 평생을 집–회사–집–회사로 지내오면서 다른 취미나 사회적 활동이 많지 않았다. 그런 F에게 아내는 동반자이자 유일한 친구인 셈이었다. 오죽하면 아내 쪽 동창 모임에 눈칫밥을 먹으면서도 운전기사 노릇을 자처하며 따라가기까지 할까. '아내가 죽으면 무덤까지 따라갈 인간'이란 농담까지 심심찮게 듣는 모양이었다. 하지만 그래서야 되겠는가, 지금 시대에 순장이 웬 말이요, 그렇다고 자기 맘대로 한날한시에 죽을 수도 없는 노릇인데 말이다. 그대로는 안 될 거 같아 F에게 제안을 했다.

"수면 문제를 해결하고 싶다면 낮잠 자는 건 당장 그만하시고요, 아내 분의 갱년기가 잘 지나갈 때까지만이라도 잠깐 각방을 써보세요. 그게 정 안 되겠으면 그냥 그만큼 자는 걸 받아들이시고요. 그런데 수석님. 오히려 그것보다도 수석님은 아내분과 떨어져 혼자 지내시는 시간이 좀 더 필요해 보여요. 생각해 보세요, 앞으로도 늘 두 분이 뭐든 함께 할 수는 없는 노릇 아닌가요? 혼자 지내는 것도 연습이 필요해요."

다행히 F 수석 역시 스스로 어느 정도는 문제인식을 갖고 있던 터라(게다가 슬슬 아내가 자신을 귀찮아하는 기색에 눈치가 보이기도 했다) 인정이 빨랐다. 결국 그는 고심 끝에 몇 년간 생각만 해오던 성당을 다니기 시작했고, 끝내 각방은 야박하다며 거절했지만 대신 오래된 침대를 이참에 온도 설정을 따로 할 수 있는 침대로 바꿔야겠다며 타협을, 아니 아내와의 '분리'를 조금씩 하기로 했다. 그렇게 F의 수면 문제는 조금씩 나아져 갔고 지금 그는 누구보다 성당을 열심히 다니고 있다. 다행히 교리 공부 모임에서 만난 이들 중 나이도, 업무 분야도 비슷해 말이 통하는 사람을 만나 서로 공부 모임이 끝난 뒤에는 맥주 한 잔씩 하면서 일이나 관심사에 대한 정보도 주고받으면서 말이다.

그러고 보면 F 수석처럼 '하늘이 두 쪽 나도 부부가 한 이불

덮고 자야 한단' 생각은 점점 고루하게 취급되며 역사의 뒤안 길로 사라지는 듯싶긴 하다. 침대 회사도 부부간 분리형 침대를 출시하고 앞다퉈 광고하고 있는 시대다. 좌우 온도차를 조절할 수 있는 침대야 이미 보편적이지만 어느 정도는 중년 혹은 노부부를 겨냥한 느낌이 없지 않았는데, 요즘은 아예 신혼부부를 겨냥해 침대 헤드를 넓게 확장한 '호텔형', 한 침대처럼 보이나 사실은 두 침대를 가까이 붙이는 '체결형', 두 침대가 간격을 두고 아예 분리된 '분리형' 등 다양하게 라인업을 구성하고 '따로 또 같이' 침대라고 광고하며 공략하고 있다니,[17] F처럼 부부간 함께 쓰는 침실의 의리와 정을 강조하던 옛 조상님들은 기가 찰 노릇이겠다(근데 솔직히 솔깃하셨을 것 같기도).

그마저도 이건 한 침실에서 사이좋게 잘 수 있는 신혼 때의 얘기고, 솔직히 그 시기를 지난 대체로 많은 기혼자들은 이걸로도 성에 차지 않아(저만 그런 거 아니죠?), 함께 사는 세월이 길어질수록 자연스레 '따로'의 욕망이 더 커지는 것 같다. 다만 그 해소 방식은 안타깝게도 자산의 규모에 따라 달라질 수밖에 없는데 바로 각 침대, 각 방, 각 집 순이라는, 그러니까 돈만 많으면 각각 집 한 채씩 가지고 따로 사는 게 최고라는 거다. 우스갯소리지만 꼭 허튼소리만은 아닌 게 오죽하면 '주말부부는 삼대가 덕을 쌓아야 한다'는 등, 남편에게 가장 좋은 선물은

'아내가 애들 데리고 2박 3일 친정 가는 것'이라는 등의 이야기가, 그 어떤 베스트셀러보다 높은 성공률로 그 어떤 스테디셀러보다도 길게 기혼자들의 공감과 웃음을 사고 있겠는가.

나로 말할 거 같으면 각 방은, 훗일을 건사해줄 애도 없는 우리로선 갑작스러운 사고나 생사 확인에 위험성이 있다 여겨져 주저하게 된다. 각 집은 그럴 정도의 돈이 없으니 애당초 불가능하다. 하여 깔끔하게 각 침대 찬성파다. 우리도 F 수석 내외 못잖게 큰 온도차 때문이다. 지금도 초가을이면 나는 춥다고 전기장판을 켜기 시작하고 남편은 덥다 이불을 걷어내니 그것도 못 할 짓이요, 갈수록 잠귀가 밝아지는 내게 술 한잔 걸친 남편의 코 고는 소리는 고약스럽기 이를 데 없으니 각 침대가 그나마 낫겠다 싶은 것이다. 근데 막상 그러자니 묘하게 정나미가 떨어지는 거 같고, 아직은 다른 불편함이 크지 않거니와, 뭣보다 지금 침대가 너무 멀쩡하여 들인 돈이 아까우니 실현은 몇 년 뒤일 듯싶다.

어쨌든 심정적으론 이미 각 침대를 쓰고 있는 나로서는 내담자들에게도 꼭 잠만이 아니라 관계에서도 각 침대 살이를 하라고 많이 강조하는 편인데, 풀어 말하자면 '혼자여도 좋고 함께여도 좋은' 관계여야 한다는 거다. 이는 부부뿐만 아니고 연인, 친구, 동료, 가족 등등 모든 관계에 해당된다.

앞서 살펴본 F의 경우는 '함께여야만 좋은' 관계를 유지해 왔던 셈인데, 무릇 늘 함께여야만 좋은 관계는 그이처럼 의존과 집착이 있기 마련이다. 반면 함께 있지만 혼자여야만 좋은 관계는 냉담하게 경직되어 버린 관계로 이미 돌이킬 수 없는 강을 건넜을 가능성도 있다. 따라서 뭐든 너무 함께하려는 관계는 한쪽의 부재 시 독립성을 발휘하기 어렵기 마련이고, 함께 하는 게 이미 지긋지긋해진 부부는 공격성만 남아 생채기를 주게 된다. 그러니 가장 좋은 건 혼자일 땐 자유로워 좋고, 함께일 땐 통하는 게 있어 좋은 관계인 것. 영화도 혼자 볼 땐 맘껏 울고 웃고 욕하고 흠모할 수 있어 좋고, 같이 볼 땐 서로의 생각이 섞이고 두 가지 맛 팝콘 큰 거 아작아작 맘껏 먹는 풍성함이 좋은 것과 같다.

그러고 보니 떠오르는 에피소드 하나. 얼마 전 상담자들끼리의 송년회에서 나눈 이야기다. 아무래도 자신이 지금 느끼고 있는 생각이나 감정을 말로 나누는 게 익숙한 상담자들이다 보니, 그렇게 모인 집단 외에 다른 관계에서는 간극이 좀 느껴진단 얘기들을 나누게 됐다. 얼마 전 결혼한 후배는 남편과 어떤 이야기를 나누다 자기 딴엔 별거 아닌 질문을 했을 뿐인데(당신은 그럴 때 어떤 생각이 들어?), "그런 거 물어보지 마, 어려워"라고 난처해하더라며, "아니, 감정도 아니고 생각을 물었는데 그게 어렵다니요?" 어이없어도 귀여워도 했다. 아이고, 그래도 그쪽 남편은 아직 순하고 귀여우니 그리 말하지, 우리 남편은 성질머리도 있고 같이 산 세월도 있어서인지 비슷한 장면이면 세상 뜨악한 표정으로 "그런 게 궁금해?" 하며 되레 의아해하거나 "지금 나 상담하려는 거야?"라며 원천 차단하기도 하니 말입니다. 네네, 말을 맙죠.

그러니 그런 류의 이야기가 자유자재로 핑퐁핑퐁 오가는 대화를 누군가와 하고 싶을 땐, '브런치'는 그래 봤자 한국식 '아점'이라 비웃고, 파스타나 오픈샌드위치 이런 건 그래 봤자 '빵 쪼가리'로 일축하고 마는 멋대가리 없는 남편에겐 혼밥의 자유를 주고, 나는 나대로 홀로 한껏 꾸미고 마음 맞는 친구를 만나는 것이 낫다. 반면 며칠 안 감아 부스스 떡진 머리로 속 편히 방귀도 뿡뿡 뀌고 김치냉장고에서 오이가 얼었네, 연휴 때 부모님 용돈을 얼마를 드리네 등 지극히 사소하지만 제대로 중요한 살림살이 얘기나 회사 사람 뒷담화도 속 시원히 할 거면 함께 좋아하는 치킨 한 마리나 갈비찜 뜯으며 남편과 이야기하는 게 나은 거다.

이 정도 나이가 되면 애들처럼 너무 관계에 연연하거나 얽매이지 않고도, 좋은 관계로 잘 지내고 싶다는 바람들이 많다. 그렇다면 더도 말고 관계의 '각 침대'부터 해보자. 혼자여서 좋은 자유로움은, 안될 상대에게 괜한 기대를 거는 에너지 소모를 줄일 수 있어 좋다. 함께여서 좋은 안정감은, 서로 간 '죽이 잘 맞는' 즐거움을 누릴 수 있어 좋다. 그러니 혼자여도 좋고 함께여도 좋은 게 '찐'으로 좋은 거다.

그나저나 결혼 햇수와 혼자여서 좋은 시간은 암만해도 동률이 아니라 정비례하는 거기도 하다. 아! 그래서 나이 들수록 수중에 돈이 많아야 한다고 한 건가? 각 집을 가지기 위해? 어쩐지 요즘 자꾸 로또가 사고 싶어지더라니. 쉿, 이건 내 남편에겐 비밀이다.

{ 뒷담화? 시원하게 합시다 }
반성주의자임을 포기하지 않습니다

값비싼 메인 디시보다 내 입맛에 찰떡인 상콤 에피타이저나 후식 뻥튀기가 두고두고 더 생각나는 식당이 있듯, 책에서도 그런 책이 있다. 이를테면 작가의 말이나 역자의 말이 더 생각나는. 정지아 작가의 《아버지의 해방일지》도 그랬는데, 이 대목이 특히 그랬다. "친구들은 나를 반성주의자 또는 성장애주의자라고 부른다. 반성하고 성장하는 것이 내 특기라나 뭐라나. 잘하는 것이라곤 그 둘뿐이다." 어랏, 나돈데!

나란 인간이 그렇다. 반성도 많이 하고, 성장(성공 아니고)에 대한 집착도 강하다. 그래서일까, 이어진 작가의 말도 뭔 말인지 알 것 같다는 느낌적 느낌.

"그나마라도 그럭저럭 해내고 있으니 천만다행 아닌가. 그렇게 자위하며 살았다. 돌이켜보니 거기서부터 문제였다. (중략) 쉰 넘어서야 깨닫고 있다. 더 멀리 더 높이 나아가지 않아도 된다는 것을. 행복도 아름다움도 거기 있지 않다는 것을. 성장하고자 하는 욕망이 오려 성장을 막았다는 것을."

그러니까 사실 작가가 하고 싶은 말은 "열심히 반성하고 성장하며 살자"가 아니고, "너무 반성하고 성장하려 하지는 말자"이겠고, 그 말인즉 거창한 반성과 아득바득 더 잘나지려는 성장보다는 사람살이 너그러이 받아들이고 더불어 살아가잔 뜻인 것 같았다, 만은.

나는 아직 쉰이 넘지 않았다. 그래서일까, 아직은 반성주의와 성장애주의가 좋다. 잘못하고 뻔뻔한 것보다는, 어제나 오늘이나 그저 똑같이 지내는 것보다는, 아직은 이만큼 부끄러워할 줄 알고 내일은 요만큼 나아지는 구석을 만들어보겠다는 투지가 더 당긴다. 저래 훌륭한 작가님도 쉰이 넘어서야 깨달았다 했으니 난 좀 더(그래 봤자 몇 년 안 남았다) 그리 살아도 되지 않을까 싶기도 하다. 게다가 100세 시대로 치자면, 아직 전반전이니 조금은 더 체력 소모해 봐도 되지 않을까.

특히나 이런 반성주의자와 성장애주의자를 지향하자 하는 구석은 '뒷담화' 영역이다. 유치하게 갑자기 웬 뒷담화냐고? 모르시는 말씀. 생각해 보면 이것처럼 우리에게 필요악이 있을까 싶다. 해야 속이 시원한데, 하고 나면 찝찝한 것이 거 참 사람 되게 고민하게 만든다. 그래서인지 관계나 자기이해에 대한 강의를 하면 때마다 이런 고민과 질문이 빠지질 않는다.

- "뒷담화를 많이 안 하고 싶은데 동료들이 할 때 나만 빠질 수도 없고 어떻게 해야 할지 모르겠다."
- "뒷담화하고 나면 죄책감이 심한데, 나도 모르게 또 하게 된다. 어떻게 해야 하나?"
- "뒷담화를 했더니 그걸 들은 상대방이 날 어떻게 생각할지 걱정이 되어 내내 찝찝했다."

어떤가, '그래, 나도 저런 생각 한 적 있지' 하며 공감되는 분들 많을 거다.

보통 이런 고민과 질문들에 대한 나의 답은 일단 '뒷담화, 시원하게 합시다'이다. 앞담화가 정당한 거야 왜 모르겠느냐만, 내 목줄 쥐고 흔들 수 있는 상사, 계속 얼굴 마주해야 하는 동료, 혹은 내 아이의 학교 선생님을 정면에 두고 "나는 댁이 참 싫소"라거나 "그건 명명백백 당신 잘못"이라고 이야기할 수 있는 사람이 몇이나 될까? 미우나 고우나 가족이란 테두리 안에 들어와 있는 시부모나 장인장모가 내 맘에 안 든다 한들, 따박따박 "어머니, 그렇게 말씀하시면 안 되죠!"라고 하거나 "참 이상하시네요"라고 말하면? "아이고, 그 집구석 참 잘 돌아가겠다"일 터. 그러니 말하자면 우린 모두 집구석, 아니 세계 평화를 위해 적당히 뒤에서 얘기하는 융통성을 발휘해야 하는 것이다. 오죽하면 뒷담화가 카타르시스 제공, 스트레스 해소, 정보 공유, 집단 간 결속력이나 유대감 강화, 사회적 규범 강화 등 순기능이 있다는 심리적 조언들도 넘쳐나겠는가. 그 유명한 윈스턴 처칠도 동료 정치인들에 대한 거친 뒷담화를 일삼았고, 레오나르도 다 빈치도 동료 미술가들에 대해 비꼬는 뒷담화를 자주 했다고 하니 나름 정당화도 해가면서 말이다.

그러니 일단은 너무 거창하게 죄책감 갖지 말고 뒷담화하는 나를 받아들이고 허락하기. "그래, 난 뒷담화도 하는 사람이야. 그만큼 적당히 치사하지만, 적당히 융통성도 있지." 근데 또 그렇다고 해서 우리의 찜찜함이 아예 사라지는 것은 아니니, 그 찜찜함을 쌩까지 말고 "그러고 보니 나는 어쩌고 있지?" 돌아보고(반성주의), "나부터 잘하자!"로 끝을 맺기(성장애주의). 결국 뒷담화의 주인공을 반면교사 삼아 나 자신을 돌아보고 조금이라도 더 나은 언행을 하는 계기로 삼자는 것이다.

여기에 뒷담화에 대한 고민이 좀 더 많은 사람이라면 사소할지언정 구체적인 자기 원칙을 추가해 보는 것도 좋다. 이를테면 내가 먼저 뒷담화를 주도하진 않겠다(대화의 주도권을 쥐거나 주제 선정까지 하는 열과 성을 다하진 말 것), 뒷담화를 함께 할 대상을 가려가며 한다(안전한 대상을 가늠할 줄 아는 분별력을 발휘할 것), 언제부턴가 나도 모르게 항상 남 말이나 뒷담화를 하고 있다면 당장 멈춘다(요즘 뭐가 불만족스러운지 내 인생부터 점검해 볼 것) 등이다.

우리 또 잘 알잖는가. 지금 내 인생이 만족스럽거나 뭔가에 되게 집중하고 있는 때라면, 남의 것은 내 눈에 잘 들어오지도 않는단 걸. 그리고 눈에 들어온다 한들 관대하게 대하게 된단 걸 말이다. 즐거운 상상이지만 내가 오늘 출근길에 로또 20억이 당첨되었다면? 어제 야근까지 하며 써낸 보고서를 상사가 한껏 물고 뜯고 씹는다 한들, 내가 뒷담화를 하겠는가? 앞미소로 "네네, 얼마든지요" 하겠지.

그러니 우리 로또 당첨될 거 아니면, 기왕 할 뒷담화라면 시원하게 하자. 단, 안전한 대상 앞에서. 그리고 반성주의자와 성장애주의자로. 조금은 피곤하지만 내 마음 평안을 위해, 아니 원대한 세계 평화를 위해서 말이다.

말하라, 세상 안 무너진다
수다의 힘을 믿습니다

　많은 이들이 "상담하면 진짜 좋아요? 뭐가 좋은데요?"라며 묻곤 한다. 상담이 어떤 효과가 있냐는 질문인데, 여기엔 사실 상당 부분 '과연 효과가 있을까?' 하는 의구심이 내포되어 있다. 말한다 한들 현실이 바뀌는 것도 아닌데 대체 얼마나 효과가 있겠냐는 거다. 분명 맞는 말이지만 틀린 말이기도 하다.

　실제 상담의 효과는 분명 있다. 많은 연구들이 정서적 이해와 수용, 정서 안정성 획득, 증상의 해소와 문제 해결력 향상, 자기 성찰과 자신감 증대, 의사소통 능력 향상, 대인 신뢰감 형성 등등 그 효과를 입증해 오기도 했거니와, 신경생물학이란 이론적 측면에서도 상담으로 내담자의 전전두엽이 활성화되면서 합리적이고 논리적 판단 능력이 향상되는 것이 확인되었으니 말이다.[18] 그리고 이 모든 효과의 전제는? 상담자와의 '대화'이다. 우선 '상담相談'이라는 말의 뜻부터가 그렇다. '서로 상相'에 '이야기 담談'을 써서 '서로 이야기를 나누다', '문제를 해결하거나 궁금증을 풀기 위해 서로 의논하다'를 뜻한다. 그러니까 말하는 것에서부터 모든 게 시작된다는 것이다.

상담실에서 내담자들이 직접 전하는 상담의 '좋았던 점'도 상당수가 그것이다. "그저 내 얘기를 할 수 있어서 그 자체로 좋았다", "얘기를 하다 보니 내 생각이 더 정리되었다", "나를 믿어주고 나에 대해 관심을 가져주는 사람이 있으니 내가 더 힘이 났다", "잘 들어주고 공감해 주니 그것만으로도 위로가 됐다"고 입을 모은다. 그러고 보면 남에게 자기 얘기하는 걸 죽기보다 어려워한다는 우리나라의 중년(45~65세) 남성들조차 상담을 통해 자기 얘기를 하면서 생겨나는 정화 경험을 높이 산 것을 보면 좀 더 신뢰가 가지 않는가?[19] "남자는 과묵해야 한다"라고 배우며 자연스레 "아이고, 여편네들이 쓸데없이 수다스럽다"라고 경시하는 그들도, 막상 상담을 통해 자기 이야기를 하고 나면 답답했던 마음이 시원해지고 좋았다고 한다. 그러니까 이게 말하기의 힘, 즉 '카타르시스' 효과다. 이야기를 통해 두려움과 같은 감정을 정화하고 해소하는 것. 하여 프로이트도 그렇게 말했던 거다. "억압된 감정을 의식적으로 끌어내는 언어 표현이 심리 치료의 핵심"이라고.

그런 맥락에서 누군가 "여자들이 왜 남자들보다 더 오래 사는 거 같나?" 하고 물어오면-실제 우리나라의 평균 기대수명은 84.43세로 여성은 87.2세, 남성은 81.32세로 여성이 남성보다 약 6세 정도 더 많다(통계청, 2024)-주저 없이 이렇게 말하곤 한다. "여편네들이 쓸데없이 수다스럽기 때문에 더 오래 사는 거예요"라고. 그것이 말, 아니 수다의 힘이라고. 수다는 '쓸데없이 많은 말'이라고 국어사전에서 정의하고 있지만, 나는 '쓸모 있게 많은 말'로 재정의하고 싶다. '많은'이 계속 찜찜하게 느껴지는 분이 계시다면 '적당한' 내지는 '적절한'이라도 해도 될 듯싶다.

사실 나의 이전 책이 세상에 나오게 된 것도 그 어느 날 제주도에서 친구와 나눈 말의 향연, 즉 수다의 힘이 한몫을 톡톡히 했는데, 사연인즉 이렇다. 당시 어느 포털 플랫폼을 이용해 하나씩 글을 올렸는데 그게 스무 개 넘게 쌓이니 욕심이란 게 슬그머니 생겼다. 이걸 책으로 내면 좋겠다! 그렇게 욕심에 눈이 머는 순간 내 글들이 너무 괜찮아 보이는 것이었다. 반드시 책으로 엮어야만 할 것 같은 착각도 들면서 마음이 급해졌다. 그때부터 맨땅에 헤딩하듯 나의 글과 결이 맞는다고 여겨지는 출판사 몇 군데에 제안서를 넣어봤다. 그리고 운 좋게 한 군데와 연결도 되었다. 생각보다 술술 풀리는데? 나의 기대감은 더 커지고 급해졌다. 하지만 역시 책을 낸다는 건 그리 호락호락한 게 아니지, 출판사에선 아쉬운 게 있다며 한 발 빼는 모습을 보였다. 간신히 그 발가락을 붙잡고 수정해 보겠노라 하며 고친 원고를 보낸 뒤 2주 넘게 지난 때였나, 그때가 제주도 친구네에서 묵은 밤이었다.

그 출판사는 메일을 받고 보통 1주 이내는 답을 주던 곳이라 이미 2주가 지난 그 시점에선 스멀스멀 실망이 올라오고 여전히 놓지 못한 미련에 이제 뭘 더 할 수 있을까 하는 막막함까지 교차하는 복잡한 심경이었는데, 늦은 밤 친구와 이런저런 얘길 나누다 결국 그 얘길 하게 됐다.-'말하라'는 제목의 글을 쓰고 있으면서 아이러니하지만-솔직히 나라는 인간 역시 내 얘기를 먼저 막 하는 스타일도 아니거니와, 이상하게 그 당시 책 출간과 관련해선 뭐가 그리 부끄러웠는지 아니면 징크스를 들먹이며 뭔가 설레발을 조심하자는 과보호였던지, 누구에게도 책에 관한 이야기는 안 한 상태였는데 역시 친구는 친구, 제주도는 제주도, 밤은 밤이었던가 보다. 얘기가 술술 나온 거다.

친구는 아직 그 출판사에서 어떻게 반응해 올지 모르니 조금 더 기다려보자고 나의 조급해진 템포를 늦춰주는 한편, "나는 네 글을 계속 봐온 독자잖아, 충분히 좋아"라는 안심과 위로에 이어 뭔가를 곰곰이 생각하는 눈치더니 "그러고 보니 내가 아는 출판사 중에 네 글과 어울릴 것 같은 데가 하나 떠올랐는데 한번 소개해 줄까?" 하는 것이었다. 어맛, 이 생각지도 못했던 전개라니. "나야 너무 고맙지!" 중개라고 해봐야 그 출판사 대표에게 연락처를 전해줘도 되겠냐는 의사를 물어주겠단 거라 겸손해하면서 게다가 그 출판사가 대형 메이저는 아니고 오래 계속 글을 써온 작가가 대표로 있는 1인 출판사이니 감안하라고 했지만 오히려 내겐 그게 더 믿음직스러웠다.

그러고 나서 일은 진짜 이때부터 술술 풀려갔다. 제주도에서 돌아온 뒤, 나는 그곳에 원고와 제안서를 보내게 됐고, 대표와 만나게 됐고, 계약을 했고, 결국 내 첫 심리 에세이를 펴내게 됐다.

그렇게 나는 '작가'란 호칭을 얻었고 '독자님'들과 북토크나 강의, 이메일 등을 통해 만나게 됐다. 새로운 경험이 주는 신선한 즐거움과 보람은, 폐쇄적인 구석이 있는 날 만천하에 (사실 내 책을 그 정도로 좀 봐주셨으면 좋겠다만) 드러냈다는 부끄러움, 부족함에 대한 열등감, 평가에 대한 두려움조차 상쇄시켜 주기에 충분했다. 그게 또 끈이 되어 지금 이 책도 쓰고 있으니 생각해 보시라, 그때 제주도에서 내가 친구에게 그 말을 하지 않았더라면? 세상일에 순리라는 게 있어 결국 될 일은 되고 안 될 일은 안 된다지만, 또 한편으론 세상일은 선택의 연속이라고 그로 인해 결과라는 게 상당히 달라지기도 하지 않던가. 그러니 그 밤, 그 말을 친구에게 꺼낸 게 어찌 보면 나에겐 '신의 한 수'였던 셈이다.

요즘 뭔가 답답하고 막막한가? 그렇다고 어떤 생각이 뚜렷하지도 않고 자꾸 돌고 돌아 뭐가 맞는지도 모르겠고 혼란스러운가? 여기에 '이런 걸 얘기해도 될까' 주저되고 '얘기한다고 뭐 달라지는 거 있겠어?' 하며 의심이 들기도 하는가? 그렇다면 이 모든 때가 말하기 딱 적당한 때고, 수다 떨기 참 적절한 때다. 그만큼 고민이 된다는 거니까, 그런 고민엔 수다가 정답이니까. 그래야 일단 카타르시스로 청량감이 생기고 그러다 보면 소 뒷걸음치다 쥐 잡듯 생각지도 않았던 문을 열게도 된다. 당장은 아니더라도 어느 날 문득 당시의 대화가 떠오르며 그게 새로운 열쇠가 되기도 한다.

끝으로 오늘 후배와 점심 먹을 때의 일이 생각나 덧붙여본다.

"아휴, 난 요즘 난 회사 나오는 게 그렇게 지겹다? 그만두고 싶어."

월요일부터 피곤한 회의에 짜증이 남아 잔뜩 부풀려 하소연을 했더니, 유치원 다니는 남자 쌍둥이를 키우며 연구소에 다니고 있는 워킹맘 후배가 말한다.

"흠, 내 생각엔 여자들이 회사가 더 편하고 진심으로 가고 싶은 마음이 들려면 사고뭉치 어린애들이 있어야 해. 그러니 언니! 지금이라도 입양을 생각해 봐요!"

어라, 이 생각지도 못했던 전개라니. 게다가 신박(!?)해. 어처구니가 없으면서도 그 안에 고스란히 담겨있는 후배의 고충이 전해지고, 진짜 그만둘 것도 아니면서 앓는 소리하는 거란 걸 스스로 인정도 하게 되면서 그냥 웃음이 삐져나왔다. 순간 짜증도 싸악 사라졌다. 그리고 난, 여전히 회사에 다니고 있다.

말 좀 하자, 우리. 그런다고 별일 안 생긴다. 보통 '상대방이 날 어떻게 생각할까? 나약하고 못나다 여기지 않을까?'의 벽에 많이 막히는 것 같다. 괜히 말을 꺼내 상대방이 날 안 좋게 생각할까 봐, 그로 인해 마치 세상이 무너질까 봐 두려운 거다. 근데 뭘 어떻게 생각하겠는가, 그냥 '그렇구나' 하겠지. 내지는 기껏해야 '거, 좀 수다스럽네' 하고 말겠지. 어차피 세상은 단단하여 그런 내 말로 절대 무너질 일 없지만, 무거운 말을 뱉어낼 때 '내 세상'은 한결 가벼워질 것이니, 뭐가 더 이득이겠는가.

{ 우리 모두는 가엾고 애쓰는 존재 }
동병상련과 측은지심으로 나아갑니다

좀 고약스러운 말이지만 나의 고통을 꺼내주는 게 타인의 고통일 때가 분명 있다. 40대 여성 A 과장. 그녀는 암 진단을 받은 후 6개월 간의 항암치료를 마치고 무사히 회사에 복직한 지 이제 3개월가량 되었다. 다시 돌아온 회사 생활에 어느 정도 적응도 하고, 운동이나 식단 관리 등도 꾸준히 하면서 안정적으로 지내는가 싶더니 한 달 뒤면 있을 추적 검사 결과를 앞두고 점차 불안과 걱정에 휩싸이기 시작했다. 항암치료 결과도 좋았고 그간 관리를 잘 해왔으니 주변에서도 걱정할 거 없다는 의견이 지배적이었지만 당사자의 해석은 달랐다. 그녀는 온갖 군데를 아프게 느끼기 시작했고 안 좋은 결과가 나올 거 같단 극심한 공포감에 압도당하기 시작했다. 급기야 병원 예약일을 일주일 앞두었을 때부터는 완전히 흔들리기 시작해, 일이고 뭐고 손에 잡히질 않게 된 것이다.

그날 상담실에 와서도 내내 안절부절못하던 A는 급기야 내게 양해를 구하고 상담실 안을 마구 걷기 시작했다. 차분히 앉아 있을 수조차 없이 불안했던 것이다. 그 순간, 그녀는 이제 곧 재발이 확실한 암으로 죽을 운명이었던 셈이다. 그만큼 세상에서 제일 불행하고 공포스러운 상태로 한참을 서성이던 중 가만히 앉아 있는 내게 미안했던지 그녀는 말했다. "선생님, 죄송해서 어쩌죠. 선생님 시간을 뺏는 것 같고… 너무 죄송하네요." 나는 말했다. "아네요, 오죽 불안하면 그러시겠어요. 충분히 그럴 수 있어요. 게다가 원래 A 씨의 상담 시간이니 미안해할 것도 없고요." 그리고 덧붙였다. "다만 제가 오늘 아침 부고 게시에서 암 투병 중이셨던 직원분이 돌아가셨단 소식을 봤거든요. 사실 그 분은 저와 상담을 제법 오래 하셨던 분이셨어요. 아무래도 마음이 좀 더 안 좋더라고요. 그래서 전 지금 이 시간을 그분이 이제는 그 어떤 고통도 없이 편안하시길…. 그리고 A 씨와 저는 지금 이렇게 살아서 만날 수 있다는 것, 앞으로도 계속 만날 거란 기대를 할 수 있단 것에 감사하다, A 씨도 더 편안해지면 좋겠다, 이렇게 바라는 마음으로 기도하며 보내고 있었어요."

순간, 상담실 공기가 확 바뀌었다. A는 적잖이 놀란 눈치였고 자신의 불안에서 빠져나왔다. 안 그래도 자신 역시 오전에 부고 게시를 봤다며, 알고 보니 건너 건너 인연이 있는 분이었다고 했다. 상담받은 줄은 몰랐다며 그이를 안타까워했고, 또 그와 오래 상담을 해온 나는 괜찮은지 어떤지 신경 쓰기 시작했다. 그러면서 그녀는 점점 차분해져 갔다. 상담 말미에는 며칠 뒤 병원 가기 전까지 자기가 할 수 있는 것에만 다시 집중해 보면서 잘 보내보겠노라고 다짐도 했다. 그리고 그녀는 여전히 나와 잘 만나고 있다.

사실 그날 엄밀히 말하자면 나는 비윤리적이었다. 내가 아는 상담 윤리로는 고인이 된 내담자의 상담 방문 유무도 특정한 사유가 없는 한 타인에게 이야기해선 안 된다. 다만 그이는 생전에도 나와 상담받는단 사실을 주위에 숨기지 않았고, 그저 그 순간엔 A에게 얘기를 해도 될 거 같았으며(아니, 해야 할 거 같았고) 그런 나를 고인이 된 그이도 노여워 않고 이해해 줄 거란 생각이 들었기 때문에 그리 이야기할 수 있었다고 변명해 본다.

다시 원래의 하던 얘기로 돌아와 이어가자면, 이런 경우가 제법 있다. 어렵게 임신을 하게 된 30대 C 대리만 해도 그렇다. 임신의 기쁨도 잠시, 10주 만에 아이를 유산하고 깊은 상실과 우울에 빠져 몇 개월을 힘겹게 보내던 중 C는 오랜만에 고교 동창 친구를 만나게 됐다. 그리고 그 친구가 무려 네 번의 유산을 했었고, 지금은 초등학생이 된 딸도 이만큼 잘 커 주어 다행이지만 사실 임신 중엔 태아기형아검사에서 이상 소견을 받게 되어 낙태를 고민했노라며, 그게 너무 죄책감이 든 나머지 당시 17층이던 아파트에서 떨어지고 싶을 만큼 힘들었단 얘기도 듣게 됐다. 그날 그 만남을 뒤로 하고 집에 돌아오는 길 내내 C는 그 친구에 대한 존경심과 함께 묘하게 응어리져있던 자신의 마음도 풀리는 거 같더라고 고백해 왔다.

이런 게 어디 비단 C만의 일일까. 우리도 모두 있을 거다. 우리 엄마아빠만 맨날 싸우고 우리 집구석만 지지고 볶고 엉망인 줄 알았는데, 남의 집 엄마아빠들도 노상 싸우고 모든 집구석이 지지고 볶으면서 적당히 다 엉망진창인 걸 알았을 때의 안도감. 내가 세상에서 제일 힘든 줄 알았는데 누가 또, 혹은 누군가는 훨씬 더 힘든 걸 알게 되면, 서슬 퍼런 칼날 같던 내 고통의 한 귀퉁이가 조금은 뭉툭해지던 그런 경험.

이는 '샤덴프로이데^{schadenfreude}', 즉 남의 불행이나 고통을 보면서 느끼는 기쁨이 결코 아니고 오히려 그와는 반대로, '저이도 나처럼 고통을 겪고 있구나. 나만 힘든 게 아니고 그의 고통도 참 만만찮구나. 저이도 참 안 됐다.' 이렇게 가엾이 여기고 공감하는 마음이다. 그리고 여기서 더 나아가 '세상 사는 거 참 맘 같지 않고 어려워. 오죽하면 인생은 고행이랬겠어? 그러고 보면 다들 살아간다고 참 애쓴다.' 이렇게 어여삐 여기며 이해하는 마음이다. 즉, 동병상련과 측은지심이다. 심리학에서 말하는 '공감empathy'과 '수용acceptance'이다.

그리고 이들은 언뜻 보기엔 타인을 위하는 것으로만 여겨지지만 뜯어보면 오히려 나를 위하는 것으로, 나의 고통에 대한 해석을 달리하는 우군이 되어준다. 그러니 우리 모두 왼쪽 옆구리에는 동병상련을, 오른쪽 옆구리에는 측은지심을 끼고 조금만 더 자라보면 어떨까. 그것이 나(라)를 구할 것이니.

손 내밀 때 더 커지는 나
오늘 2센티미터만큼 커진 마음을 만듭니다

"키가 몹시 크다는 이유로(별로 크지도 않으면서) 낮은 구두만 신고 몇십 년을 살았다. 그러다가 어느 날 문득 내가 너무 땅에만 달라붙어 있었다고 생각되어서(마음의 키를 높일 생각은 하지 않고) 평소보다 2센티미터쯤 굽이 높은 구두를 사 신었다. 그리고 나는 다른 세상을 보기 시작했다. 늘 멍해 보이던 김 씨의 얼굴이 약간 높은 각도에서 보면 의외로 예리한 표정을 감추고 있었더라는 것에서부터, 파도처럼 밀려와 나를 압도하던 팔차선 도로의 자동차 물결들도 2센티미터만 위에서 보면 조잡한 장난감 대열처럼 왜소하게 파악되더라는 것까지 달라 보이는 풍경이 한두가지가 아니다. 아주 조금 하늘 가까이 갔을 뿐인데, 너무 조금 눈의 키를 높였을 뿐인데, 시도한 것에 비해 주어진 인식의 변화는 한동안 나를 휘청거리게 할 것 같다. 눈의 높이야 당장이라도 굽갈이를 하면 높일 수 있다고 하지만 정신의 높이를 2센티미터 아니 1센티미터 높이는 일은 결코 쉬운 게 아니다. 그만큼의 진보를 위해서 우리가 바쳐야 할 눈물과 상처는 얼마여야 할까."

　양귀자 작가가 쓴 소설 《길모퉁이에서 만난 사람》의 한 대목이다. 고등학생 때였던가, 이 구절을 접하곤 한동안 '2센티미터의 진보'란 말을 여기저기 메모해 두고 다녔더랬다. 마음의 높이를 키운단 게 뭔지 잘 알지도 못했으면서 하여간 되게 있어 보이고 싶었던 모양이다. 지금이라고 크게 다르진 않지만, 세월도 흘렀고 그사이 아주 조금 더 알게 된 것은 있다. 바로 마음의 진보는 내가 누군가에게 손 내밀 때 이뤄지더라는 것.

　한참 전에는 내가 뭔가를 대단히 성취해야, 훌륭히 결과를 일궈내야, 그 뿌듯함을 먹고 나란 인간이 쑥 커지는 느낌이 들기도 했다. 물론 이러한 성취감과 성공 경험은 여전히 중요하고 필요하다. 하지만 이만큼 살고 보니, 그만한 성취감과 성공 경험은 그다지 자주 오지도 않거니와 오더라도 그리 썩 오래 지속되지 않는단 걸 깨달았다. '인생사 새옹지마'라더니 그런 일 뒤에는 소진이든 갈등이든 책임이든 뭔가 또 '1+1'처럼 같이 오더란 것도 알게 됐다. 그러니 너무 요원한-대단하고 훌륭한-성취에 대한 열망은 점점 놓아버리고, 그 자리에는 그저 할 수 있는 만큼 최선을 다할 때 저절로 따라오는 결과에 대한 수용과 그로 인한 만족감을 두기 시작했다. 대신 그보다는 더 쉽게, 더 자주, 그리고 아픈 후과라는 것도 없이 '오, 나 이전보다 나아졌는걸?', '제법 이런 내가 마음에 드는걸?' 이런 뿌듯함에 나란 인간이 쑥쑥 커지는 듯한 느낌이 드는 때를 의식적으로 만들 수 있게 됐다. 그게 내 마음의 진보가 이뤄지는 순간이다. 다름 아닌 내가 누군가에게 '괜찮은 사람'이 되어줌으로써.

오늘 아침도 그랬다. 영하 10도를 오가는 맹추위 속 분주한 아침 출근길, 신호등 없는 건널목에서 잔뜩 웅크린 채 차들이 지나가기만을 기다리는 행인을 봤다. 에라, 나도 빨리 출근해야 하니 쌩 지나칠까 싶다가도 이내 '나는 따뜻한 차 속에 있으니까 저이보다 낫겠지' 하며 잠시 멈춰 주었다. 고맙다는 목 인사를 하는 그이에게 나도 따라 목 인사를 하는데, 그때 살포시 차오르는 뿌듯함이란.

지난주 어느 오후도 그랬다. 강아지를 데리고 산책을 하다가 편의점 앞 벤치에서 한숨 돌리고 있는 노인을 만났다. 원체 좀 쌀쌀맞은 구석이 있어 평소라면 "산책 나왔구나? 그래, 넌 몇 살이니?" 하며 괜스레 말을 붙이는 사람을 썩 살갑게 대하는 스타일은 아니나, 그날은 순순히 친절하게 대꾸를 하게 됐다. 알고 보니 노인은 17살 강아지를 떠나보낸 지 얼마 안 됐다 한다. "힘드시죠?" 묻고 "많이 보고 싶으시겠어요." 공감해 드리며 노인과 함께 강아지에 대한 추억 몇 마디를 더 나누고 나니, 고맙다며 주머니 속에서 말랑해진 귤 하나를 건네주신다. 돌아오는 산책길, 노오란 귤과 함께 차오르는 새콤달콤한 뿌듯함이란.

40대 남성 K 차장도 그랬다. 올 초 부장 진급에서 누락되면서 자신이 무능력하고 다른 사람들에 비해 뒤처지는 것 같단 열등감에 꽤 오랫동안 우울해하던 그는, 최근 경력사원이자 핵심 인재로 영입되어 온 M 과장의 사수 역할을 하게 됐다. K의 우울감은 M 과장으로부터 옅어졌다. M 과장은 부서의 주요 업무를 가르쳐주고 자잘한 회사 생활이나 시스템에 대한 안내도 귀찮은 내색 없이 친절하게 도와주는 K에게 진심으로 감사해했다. 그런 M 과장의 환한 미소와 고마워하는 말 한마디 한마디는 K에게 생각지도 못한 상당한 위로가 되었다.

20대 여성 L 대리는 또 어떻고. 그녀는 팀원들 모두가 공용으로 사용되는 업무 파일이 어수선하게 정리되어 있는 게 영 마뜩잖았다. 다른 팀원들도 마찬가지였지만, 책임 소재가 명확히 있는 것도 아니고 막상 손을 대자니 이만저만 귀찮은 일이 아니기에 모두가 그냥 불편함을 견디면서 사용해 온 것이다. 그렇게 선뜻 파일 수정에 나서는 이 하나 없던 어느 날, L 대리는 A 파일을 사용해 자료를 정리하다가 도저히 안 되겠다 싶어 싹 정리하고 재분류하며 업무 파일을 업데이트하기 시작했다. 처음엔 짜증 나는 마음에 씩씩거리며 시작하고 덕분에 야근도 하게 됐지만 나중에는 깨끗하게 정리된 파일을 보며 개운하기까지 했는데, 이런 L 대리를 더욱 뿌듯하게 했던 건 다음날 하나같이 반기며 너무도 고마워하는 동료들의 반응이었다. 사실 L은 몇 주 전에 있었던 자신의 실수로 일이 커지는 바람에 상사로부터 꾸중을 받기도 했거니와 동료들에게 민폐를 준 것 같아 스스로 상당히 위축되어 지내고 있었다. 그런 와중에 이번 일로 동료들은 물론, 특히 상사가 건네주는 칭찬과 인정의 말은 L 대리로 하여금 다시 한번 자신감을 북돋아 주는 계기가 되었던 것이다.

봉사나 기부로 자신의 삶이 달라졌노라, 구원받았노라 하는 사람들이 많다. 교장선생님 훈화 말씀처럼 들릴까 봐 미리 덧붙이자면, 사실 이런 이타주의는 '합시다'의 청유형이나 '해야 한다'의 당위성이 아니라, 그저 뇌가 시키는 인간의 본능이다. '뇌에게는 주는 것이 곧 받는 것'이기 때문이다. 실제 뇌 과학 연구들에 따르면, 기부나 좋은 일을 할 때 활동이 많아지는 뇌 속의 미상핵$^{caudate\ nucleus}$과 측좌핵$^{neucleus\ accumbens}$은 식사나 섹스를 할 때 기쁨을 느끼게 하는 등의 기초적인 욕구나 보상 작용과 관련된 곳이라 한다. 그만큼 이타주의는 억지로 의지를 내서 해야 하는 고등적인 사고라기보다는 분노와 기쁨처럼 원초적인 것에 더 가깝다는 것. 결국 우리의 뇌에는 이타주의적인 욕구가 기본적으로 내재되어 있다는 것이다.[20]

그러니 거창한 봉사나 기부까지 가진 않더라도 내 마음의 키를 조금은 더 높일 수 있는 방법부터 우린 취할 수 있다. K 차장이나 L 대리처럼 오늘 내가 만나는 사람에게 먼저 손 내밀어 살짝 더 친절하고 약간 더 도움이 되어주는 것. 너무 어렵게 내지는 오글거리게 여겨질 수도 있고, 어쩌면 '내가 굳이 왜?' 하며 억울하게 느껴질 수도 있겠다만, 뇌가 그렇다잖은가? 그냥 그건 본능적이고 원초적인 거라고. 그러고 보면 엘리베이터를 타고 있을 때 그런 적 있지 않던가. 멀리서 사람이 오고 있는 기척을 분명 느끼긴 했지만 귀찮아서 모른 척 엘리베이터 열림 버튼을 눌러주는 배려를 보이지 않았더니, 나중에 '에이, 좀 기다려줄 걸 그랬나?' 하며 오히려 내가 더 찜찜해했던 경험. 지하철이나 버스에 간신히 앉아 피곤함을 달래려는데 저기서 할머니 한 분이 다가오는 걸 보고는 에라 모르겠다, 자는 척했다가 나중에는 '에이, 그냥 양보해 드릴 걸 그랬나?' 하며 감은 눈을 뜨지도 못해 더 갑갑해진 경험 같은 것 말이다.

이게 다 기본적으로 내재되어 있는 이타적인 욕구를 억눌

렸기에 자동적으로, 자연스레 후회가 따라온 거 아니겠는가. 그러니 억지로 하자는 것도 아니고, 기본적인 나의 욕구에 조금 더 반응해 주자는 것이다.

2센티미터의 진보는 그러니까 나의 뇌, 구체적으로는 뇌가 시켜 내가 타인에게 내미는 손의 거리, 바로 그 2센티미터로 이뤄진다.

{ 더하기 17살, 빼기 17살
조금 더 먼 미래를 상상합니다 }

올해 50살을 맞이한 G 부장. 그녀는 동기들 대비 승진도 빠르고 커리어도 잘 쌓아왔다. 비록 임원은 못 되었지만 여전히 팀장이란 직책까지 맡고 있는데, 이는 아무리 여성의 사회 진출이 늘고 기회가 동등하게 주어지는 시대로 변했다고 해도 아직 드문 케이스에 해당하는 것으로 회사에서도 명성이 자자하다. 그만큼 G의 업무 실력과 전문성이 뛰어난 것은 물론이거니와, 슈퍼우먼이라는 별명처럼 누구보다 치열하게 일하며 업적을 쌓아온 노력이 있었기에 가능한 일이었다. 그리고 K의 뒤에는 언제나 그녀가 일에 전념할 수 있도록 집안일을 전적으로 도맡아 해준 친정 모친의 공이 컸다.

그랬던 G 부장에게 작년 말 갑작스레 찾아온 모친의 죽음은 큰 충격이고 상실일 수밖에 없었다. 모친은 암이 발견되었을 때 이미 말기였던 데다, 다른 곳으로도 전이가 상당히 진행된 상태였다. 그렇게 모친을 떠나보낸 G는 삶이 뿌리째 흔들리는 듯한 고통을 느꼈고, 이제껏 그저 바쁜 생활에 잊고 있었던 근본적인 질문들, 즉 '왜 사는 거지?, 어차피 죽는 건데, 앞으로 나도 죽을 텐데, 그럼 대체 뭐가 중요한 거지?'에 마주하기 시작했다.

그렇게 모친에 대한 그리움과 상실감, 인생에 대한 허무함, 그럼에도 살아야 하는 의미 사이에서 헤매던 그녀는, 꼬박 1년 가량이 걸린 혼란의 여정 끝에 점차 안정을 되찾고 해답들을 써내려 가기 시작했다. 그리고 그 답은 자신의 인생에 대한 재정의와 재설계로 이어졌다. G는 이제 회사에서는 퇴직 때까지 더 큰 성취나 업적을 이루겠다는 욕심은 내려놓고 후배들에게 자신의 경험과 노하우를 전수하는 멘토 역할을 하기로 했고, 집에서는 자녀들과 그간 부족했던 시간을 함께 보내며 든든한 울타리가 되어주기로 마음먹었다. 그리고 퇴직한 이후에는 박사과정에 진학할 결심도 했다. 출강이나 저술, 연구 자문의 역할 등으로 남은 인생을 더 의미 있게 꾸려갈 수 있겠다는 전망이었다.

그렇게 하루하루를 충실히 살면서도 미래에 대한 새로운

기대를 담아 준비를 해가는 그녀와의 상담은 나도 모르게 기다려질 정도로 뜻깊은 시간이자 뭔가 신비로움이 느껴지는 시간도 되었는데, 그렇게 여겨지는 데는 G가 젊은이 특유의 열정 어린 얼굴과 노인 특유의 통달한 듯한 눈빛을 모두 가진 채 그 사이를 자유로이 오갔기 때문이다. 인생 전반에 대해 이야기할 때의 그녀는 마치 70대 초반의 점잖은 노인과 같은 통찰과 노련함이 있었던 반면, 영어 공부 등 새로운 시작을 이야기할 때의 그녀는 마치 30대 초반의 여성처럼 설렘과 에너지가 넘쳐났다.

이렇듯 못해도 앞뒤로 20년은 될 간극을 너무도 자유롭고 멋지게 오가는 그녀의 이중성이라면 이중성을 더 잘 이해하고 설명하고 싶던 차에, 마침 인기 강사 겸 작가인 김미경 씨가 해석하는 '중위 연령'이란 개념을 그의 책《마흔 수업》에서 접하게 됐다. '중위연령'이란, 국내 인구를 출생 연도별로 줄 세웠을 때 가운데 위치한 나이를 뜻하는데, 이게 1994년에는 29세였던 반면 2023년에는 46세로, 30년 만에 무려 17년의 차이가 난다고 한다. 그만큼 더 오래 사는 시대가 된 거다. 하긴 '평균수명', 즉 사람들이 평균적으로 누린 수명 역시 1994년에는 68세였던 게 2024년엔 84.4세가 됐으니, 대략 17이란 숫자만큼 더 살게 됐다고 해도 무방하다. 김미경 씨의 주장은 이제부터

인데, 인생 후반전이 그만큼 길어졌으니 우리 모두 각자의 나이에서 나이에서 17살씩을 뺀 나이로 살아가야 감성도, 라이프스타일도 현실과 맞아떨어진다는 것이다.

지금 내 나이 47세로 적용해 보자면, 여기서 17살을 빼니 딱 30세가 된다. 와, 30살의 나라니? 그러고 보니 그게 참 신통하게 맞는 것도 같다. 말이야 맞는 말이지, 옛날 47살은 진짜 거의 어른이었지만 지금 47살이 어디 그렇던가. 지금 내가 30세라면-90세까지 산다 치고-이제 고작 1/3 정도 산 셈이니, 아직도 완숙과 미숙 사이에서 헷갈릴 만도 하지 않겠는가? 그러니 아직도 내가 이렇게 아이 같은 구석이 있는 게 당연하지 않겠냐며, 여전한 나의 미숙함도 한껏 항변해 볼 수 있기에 어찌나 마음에 쏙 들던지.

신이 나서 이 얘기를 82세 아빠, 78세 엄마에게 해드린 적이 있다. 기대 이상으로 많이 좋아하시던 부모님. 그 순간만큼은 진짜 65살, 61살로 회춘하신 느낌이었다. 그러니까 효도하고 싶으신 분들, 오늘 당장 부모님께 전화하셔서 이 '중위연령' 개념을 꼭 들먹이며(자식놈이 부모 기분 좋으라고 그냥 하는 말이 아니구나, 하며 더 근거 있게 받아들이시거든요), 아직 충분히 젊고 사실 날 많이 남았으니 원 없이 하고 싶은 것 마음껏 하며 지내보시라 해보십시오. 비싼 보약 한 첩이나 공진단 50개 사드리는 것보다 더 낫더이다.

그 뒤로도 이 이야기를 자주 써먹는 편이다. 다만 김미경 강사가 '17을 빼라'고만 얘기했다면 '17을 더하기'도 하라고 나의 주장까지 덧붙이며 말이다. 이 '17 더하기' 역시 '중위연령' 못지않게 근거가 있는데, 이는 소위 '미래시간조망future time perspective'에 해당한다고 할 수 있다.[21] 삶에서 남아있는 시간에 대해 갖는 주관적 지각, 쉽게 말해 지금 당장만을 보는 게 아니라 좀 더 긴 시간, 거시적인 미래까지 앞서 내다보는 것을 의미한다. 이를테면 지금 당장 운동하는 게 너무 싫어도 한 달 뒤에 살도 빠지고 더 멋있어질 자신을 생각하며 기어이 운동을 해내는 것, 몇 년 뒤 자격증을 취득한 미래를 기대하며 지금의 공부에 다시 매진하는 것, 혹은 올해 시험을 못 봐 재수를 하게 되거나 업적 인정을 못 받아 승진에서 누락되어 또래보다 한 해 뒤처진 게 당장은 너무 자존심도 상하고 힘들겠지만, 조금 더 먼 미래를 상상해 보면 그게 조금 늦었다고 해서 인생의 긴 궤적 자체엔 아주 큰 문제가 생긴 게 아니란 생각이 들면서 조금은 미련을 버릴 수 있게 되는 것도 이런 시간 조망의 확장에 해당한다고 할 수 있다.

이처럼 미래 시간에 대한 지각은 정서, 인지, 동기와 같은 중요한 요소에 영향을 미쳐 개인의 사회 목표 설정과 정립에 중요한 역할을 한다고 하니,[22] 특히 현재 자신의 나이가 20대에서 60대, 청장년 또는 중장년에 해당한다면 '17 빼기'뿐 아니라, '17 더하기'도 해봄직하지 않겠는가. 마치 50세의 G 부장이 30세의 젊은이와 70세의 노인의 모습을 모두 가지고 살아가듯. 그러니까 어떤 시작의 용기나 새로운 다짐이 필요할 때는 지금 나이에서 17을 뺀 젊은 나이로 과감함을 북돋아보고, 문득 요동치는 불안이나 의구심, 변명이나 핑계를 잠재우고자 할 때는 지금 나이에서 17을 더한 원숙한 나이로 죽음(까진 아니더라도 생의 마무리 시점)을 좀 더 앞당겨 느껴보자는 거다.

그런 의미를 담아, 얼마 전 나 역시 미용실에서 최근 유행하는 머리 스타일을 권유받고는 '아휴, 이 나이에 뭘. 괜히 안 어울리면 어색하고 주책스럽기나 하지' 했다가, 이내 '아냐, 이제 30살인데 벌써 늘 같은 스타일만 고집하긴 너무 재미없지?' 하며 과감히 시도를 해봤다. 그랬더니 머리 스타일뿐 아니라 어쩐지 나란 인간까지 트렌디해진 양 기분이 썩 괜찮았다. 또 엊그제 상담실에서 만난 32세의 여성 A에겐(그녀는 남자 친구랑 헤어진 뒤 굉장히 자존감이 땅에 떨어진 상태였다), '지금 49세라면 A의 삶에 전 남자 친구의 존재가 어떨 거 같냐'는 질문을 통해 A 스스로 좀 더 먼 미래 시간으로 조망을 확장해 볼 수 있도록 함으로써 현재의 실연에 대한 고통을 재해석할 수 있도록 돕기도 했다.

17 빼기와 17 더하기. 이렇게 자기 나이를 고무줄처럼 적당히 줄였다 늘렸다 해보며 더 젊어지기도, 늙어보기도 해보자. 뭐 어떤가, 그래 봤자 누구 등쳐먹는 것도 아니고 내가 내 나이 가지고 귀여운 장난질 좀 친다는데, 그리고 그것이 나의 삶에 용기도, 성숙도 준다는데.

{ 지금을 잘 사는 것이 중요해 }
'오늘'과 '죽음'은 한 몸이란 걸 압니다

인간의 수명이 길어진 것, 그리고 치매, 아. 인지증이 맞겠다(치매란 말 자체에 담긴 혐오적 의미를 없애자는 주장에 한 표). 그러니까 인지증에 걸리는 것이란, 인간에게 주어진 가장 잔인한 형벌 같은 거라고 여겨지곤 했다. 자연스레 죽음 이후의 삶, 혹은 존엄을 잃은 채 죽어가는 것에 대한 두려움이나 공포감도 유난스러운 편인데 최근 이를 어느 정도 잠재워주는 두 권의 책을 만나 참 반가웠다.

한 권은 《나는 치매 의사입니다》라는 책으로, 저자 하세가와 가즈오는 세계 최초의 표준치매진단검사를 만든 인지증 의료 분야의 권위자이다. 그랬던 그가 88세 때 인지증 진단을 받았으니 세상은 물론, 본인도 얼마나 충격적이었겠는가. 이 책은 그가 인지증 진단을 받은 뒤 쓴 것으로, 그는 "물론 사람에 따라 인지증 유형이 다르고 증상도 다양하겠지만, 인지증에 걸렸다고 해서 그 사람의 인격이 갑자기 어느 날을 경계로 단번에 바뀌는 것은 아니다"라고 주장한다.

인지증 의료 분야의 일인자이자 본인이 경험해 본 바 그렇다니까 안심도 되면서 막 상상도 하게 됐는데, 그 말인즉 평소 귀엽고 다정했던 누군가는 인지증에 걸려도 그 귀염성과 따스함이 남을 테고 성격이 지랄맞던 누군가는 인지증에 걸려도 그 고약스러움이 남을 테니, 그렇다면 평소 지랄과 고약을 멀리하고 귀여움과 다정함을 가까이하며 살면 혹여 인지증에 걸리더라도 좀 낫단 거 아니겠는가.

또 한 권은 《사후생死後生》이라는 책으로, 세계적인 죽음학자 퀴블러 로스가(그러고 보니 이 분도 인지증에 걸려 생을 달리했다. 아휴, 여전히 무서운 건 무서운 거다) 세계 곳곳의 임종 환자들이 겪은 2만여 근사 체험(육체이탈 체험)의 사례들을 통해 전하는 메시지를 담고 있다.

그녀에 따르면 근사 체험을 한 이들은 모두 텔레비전 스크린과 비슷한 화면을 통해 평생 자신이 해왔던 모든 행동과 말, 모든 생각을-소위 주마등 스치듯, 되돌아보는 공통적인 경험을 했다고 한다. 그리고 이 과정에서 흔히들 생각하는 어떤 신적 존재에 의해 심판을 받는 것이 아니라, 스스로 자신을 심판할 기회를 만나게 된다고 한다. 이게 사실이라면 일생 못돼 먹은 짓을 많이 한 사람은 그 순간 부끄럽기 짝이 없을 것이고 그래도 바르게 산 사람이라면 견딜만할 것이다. 그러니 '당신이 살아온 방식에 따라 자기 자신이 지옥을 만들거나 천국을 만드는 것'이라는 그녀의 말에 더 신뢰의 무게가 실리면서, 그렇다면 내가 살아있을 때 좀 잘 살면 나의 사후생은 천국(특정 종교를 떠나 그 어떤 고통도 없이 편안하고 자유로운 상태의 의미로)이 될 가능성이 좀 높다는 거 아니겠는가.

그러니 결론을 말하자면 뭐니 뭐니 해도 '지금 잘 살 일'이다. 내가 지금 삶을 어떻게 사느냐가 인지증도, 죽음도 좌우한다 하니 그것이 주는 두려움과 공포감에서 벗어나려면 그저 지금 내 꼬라지를 곱게 가꾸며 살아갈 수밖에, 무슨 다른 뾰족한 방법이 있겠는가. 결국 죽음은 돌고 돌아 지금 생과 또 이렇게 맞닿아있는 셈이니, 생사라는 단어처럼 한 몸 같은 게 또 어디 있을꼬. 그간 죽음에 대한 관심을 가지고 두루 제법 많은 책들을 봐왔고 관련된 교육을 들어온 소회도 크게 다르지 않다. 그것은 '온전히 산다면 온전히 죽을 것이고, 온전히 편안할 것이리라'는 것. 결국 '온전히 사는 것'이 먼저인 것이다.

이런 맥락에서 완화의료 분야에서 40년간 일해온 캐스린

매닉스가, 많은 이들의 죽음을 지켜본 경험을 바탕으로 쓴 아래의 글을 새겨들을 만하다.[23]

"수많은 사람의 마지막 여정에 동행하고 수많은 이의 임종 자리를 지키면서 죽음은 내게 아주 친숙한 동반자가 되었다. 신기하게도 이 동반자는 관점의 해방과 섬광처럼 빛나는 희망을 선사한다. 좋은 일이든 나쁜 일이든 모든 것은 지나갈 것이며, 우리가 진정으로 경험할 수 있는 유일한 시간은 바로 지금뿐임을 자각하게 되기 때문이다. 힘든 시간은 좀 더 견디기 쉬워지고 좋은 시간은 그만큼 더 소중해진다. 행복도 실망도 모두 시간이 흐르면 지나갈 것이다. 생의 모든 순간이 일시적일 뿐이라는 인식은 겸허함을 부른다. 이것이 고대 로마 장군이 개선식을 치를 때 전차를 타고 환호를 받으며 가두행진을 벌이는 내내 곁에 인간은 필멸의 존재이고 이 순간도 지나갈 것임을 상기시키는 노예를 두었던 이유다."

그러고 보니 잠깐만. 두렵지 않겠노라 쓰기 시작한 건데 쓰다 보니 어째 더 무서워진 느낌이다. 결국 지금 내 '꼬라지'를 예쁘게 만들며 더 잘 살아야 된단 것이니 말이다. 그리고 그건 참으로 만만치 않은 일. 아닌 게 아니라 어제저녁, 귀찮은 분리수거를 대충 하려다 문득 '아, 나중에 이 장면을 내 눈으로 다시 확인한다면?'이란 생각이 들면서 뜨끔, 다시 꼼꼼히 하게 됐으니 제법 강력하기도 하다.

    하지만 그래, 번거롭고 귀찮아도 어쩌겠는가. 잘 죽으려면 잘 살 수밖에.

주 석

1) 마셜 골드스미스. (2016). 트리거. (김준수 옮김). 다산북스
2) 하종은. (2014). 왜 우리는 술에 빠지는 걸까. 초록북스
3) 송지애(2009). 목소리 즉흥을 통한 음대생의 연주불안 감소 연구. 인간행동과 음악연구 6(2)
4) 문요한. (2022). 나는 왜 나를 함부로 대할까. 해냄출판사
5) 크레이그 맬킨. (2017). 나르시시즘 다시 생각하기. (이은진 옮김). 푸른숲
6) 김지연, 강민철(2022). 사회부과적 완벽주의가 사회불안에 미치는 영향: 자기초점적 주의와 반복적 부정적 사고의 순차적 매개효과. 인문사회21 13(6)
7) 김경주, 최석봉(2019). 리더의 긍정적 유머스타일이 자기 표현력과 직장행복에 미치는 영향: 감성지능의 조절된 매개효과. 전략경영연구 22(3)
8) 김유진, 유순화(2020). 유머기반 긍정심리 프로그램이 초등 고학년생의 유머스타일 및 또래애착에 미치는 영향. 청소년상담연구 28(1)
9) Lally, P, et al. (2010). "How are habits formed: Modeling habit formation in the real world" European Journal of Social Psychology 40(6): 998-1009
10) 여가 참여자의 회복환경지각이 회복경험과 심리적 복원력에 미치는 영향 (정형우, 2020)
11) 김윤희, 양명숙(2018). 자살위험 대학생의 생존요인 인식유형에 관한 탐색적 연구: Q 방법론 적용. 상담학연구 19(3)
12) 심민선(2022). 코로나19 팬데믹 시기 부부간 소통과 관계 변화: 관계 난기류 이론(Relational Turbulence Theory)을 적용한 설문조사 연구. 한국소통학보 21(2)

13) 이동식. (2022). 도정신치료입문. 불광출판사
14) 김난도 외. (2023). 트렌드 코리아 2024. 미래의창
15) 이상돈, 손수정(2016). 여성의 노동시장 참여 롤모델(Role Model) 영향 분석 - 청소년기 어머니의 노동시장 참여를 중심으로 - 직업능력개발연구 19(1)
16) 맹진수, 김선혁(2023). 대학생 창업의지에 대한 롤모델의 영향 분석: 성장마인드셋과 창업 자기효능감의 다중매개효과를 중심으로. 벤처창업연구 18(5)
17) 파이낸셜뉴스. 2024년 7월 7일
18) 이장호, 이동귀(2023). 상담심리학(제6판). 박영스토리
19) 임진, 김은하(2024). 상담자의 중년 남성 상담 경험에 대한 질적 연구. 재활심리연구 31(4) 김동일, 이혜은, 박은지(2017). 해결중심 집단상담의 효과. 상담학연구 18(1)
20) 마인드&브레인 인간의 뇌는 왜 이타적인가? 이타적 뇌를 선택하라, 한국뇌과학연구원, Vol.8
21) 김이영, 조성은, 어윤경(2023). 대학생의 진로불안과 진로준비행동의 관계에서 그릿과 미래시간조망의 매개효과. Global Creative Leader 13(3)
22) 한경훈, 김병조, 노수림(2017). 삶의 의미가 미래시간조망에 미치는 영향: 정적 정서와 부적 정서의 매개효과. 사회과학연구 28(1)
23) 캐스린 매닉스. (2020). 내일 아침에는 눈을 뜰 수 없겠지만. (홍지영 옮김). 사계절.

참 괜찮은 나

2025년 8월 17일   초판 1쇄 발행

지은이
변시영

펴낸이   **펴낸곳**   **출판등록**
최갑수   얼론북   2022년 2월 22일 (제2022-000026호)

                    주소
                    경기도 파주시 경의로 1056

전화   **팩스**   **전자우편**
010-8775-0536   031-8057-6703   alonebook0222@gmail.com

인스타그램
@alone_around_creative

디자인   **표지 일러스트**
아침   카메인@kamain.zip

인쇄와 제본   **종이**   **물류**
상지사   올댓페이퍼   우진출판물류

ISBN 979-11-94021-27-8(03810) 값 17,500원

- 이 책의 판권은 지은이와 얼론북에 있습니다.
- 이 책 내용의 전부 또는 일부를 재사용하려면 반드시 양측의 서면 동의를 받아야 합니다.
- 잘못된 책은 구입하신 서점에서 교환해드립니다.

얼론북은 '영감과 경험 그리고 인사이트'를 주제로 책을 만듭니다.
여러분의 소중한 원고를 기다립니다.